高校教师话语亲和力研究

冯文艳　著

全国百佳图书出版单位 吉林出版集团股份有限公司

图书在版编目（CIP）数据

高校教师话语亲和力研究／冯文艳著. -- 长春：
吉林出版集团股份有限公司，2022.8（2023.9 重印）
ISBN 978-7-5731-1950-6

Ⅰ.①高…　Ⅱ.①冯…　Ⅲ.①高等学校-教师-话语
语言学-研究　Ⅳ.①H0

中国版本图书馆 CIP 数据核字（2022）第 143877 号

GAOXIAO JIAOSHI HUAYU QINHELI YANJIU

高校教师话语亲和力研究

著：冯文艳

责任编辑：朱　玲

封面设计：雅硕图文

开　　本：720mm×1000mm　1/16

字　　数：150 千字

印　　张：7.5

版　　次：2022 年 8 月第 1 版

印　　次：2023 年 9 月第 2 次印刷

出　　版：吉林出版集团股份有限公司

发　　行：吉林出版集团外语教育有限公司

地　　址：长春市福祉大路 5788 号龙腾国际大厦 B 座 7 层

电　　话：总编办：0431-81629929

印　　刷：涿州汇美亿浓印刷有限公司

ISBN 978-7-5731-1950-6　　定　　价：48.00 元

前　言

　　亲和力最早是属于化学领域的一个概念，是特指一种原子与另外一种原子之间的关联特性，但现在越来越多地被用于教育学、社会学等学术研究领域。《现代汉语词典》将亲和力解释为"两种及以上的物质，结合成化合物时的相互作用力"。话语亲和力是一个人或一个组织通过语言交流，对于其他个体或组织所产生的影响力。话语亲和力的生成与话语主体、话语内容和话语客体密切相关。高校教师话语亲和力即高校教师通过教育教学活动传递的话语力量（包括语言性话语和非语言性话语），而让教育对象产生亲切感、亲近感和认同感，使教育对象乐于亲近、高度认可和诚心悦纳的慑服力、感染力和沟通力，是拉近教育者和教育对象距离的"黏合剂"。

　　梅拉比安的"亲和力原则"认为，亲和力能有效增进与他人的亲近感和交往、缩短交流行为的人际距离。在大学课堂，教师的多样化言语表达和表情、动作、教材等非言语的亲和力对教师的授课效果具有重要的作用。对"高校教师话语亲和力"的研究有助于加快教育供给侧改革，提升教学效果，提高高校人才培养质量；也有助于创新话语体系，探索语言学学科规律。

　　本书运用文献分析法、实证主义研究法、解释现象学分析研究法、个案分析法和系统分析法，对如何提升高校教师话语亲和力进行了系统研究。核心内容共有六部分，分别是绪论、高校教师话语亲和力的基本概念和相关理论、高校教师话语亲和力的测评指标体系及影响因素、高校教师话语亲和力现状调查及结果分析、高校教师话语亲和力影响因素分析、高校教师话语亲和力提升方略等，本书可供高校教师和教育工作者使用，也可为高等教育研究者提供参考。

　　本书在撰写过程中，查阅了大量的资料，得到了众多学者的支持和鼓励，同时参考和借鉴了有关专家、教研人员的研究成果，在此对其表示诚挚的感谢！由于时间仓促，加之作者理论水平有限，书中难免存在疏漏和不足之处，诚望广大读者批评指正。最后，对给予本书巨大帮助的师友们致以最诚挚的感谢！

目　录

第一章 绪 论

1.1 研究背景与意义

1.1.1 研究背景

　　教师话语是教师在课堂中控制课程进程、讲授内容并组织学生有效学习的手段，深入研究教师话语在大学课堂上的使用情况，包括其数量、质量、内容、方式、类型等就成了国内外语言学者深入研究的范畴。早在二十世纪五六十年代开始，课堂教学就成了一个西方语言教育界系统深入研究的范畴（Moskowitz，1968；Flanders，1970；West，1955）。Ellis（1985）提出教师在课堂中使用的话语是具有其特定语言形式和功能的，因此教师话语作为教师组织和执行课堂教学的工具成了其中一项研究重点。通过大量的实证性研究结果表明，教师话语除了对于学生习得，还对于教师调整课堂话语的数量和质量等存在积极影响。

　　话语亲和力是一个人或一个组织通过语言交流，对于其他个体或组织所产生的影响力。这种话语形成的亲和力主要指人对人的世界观、人生观与价值观的认同与尊重程度的定性计量。话语亲和力的生成与话语主体、话语内容和话语客体密切相关。话语主体与话语内容对话语亲和力的生成起主导作用。在中国课堂上，尤其在大学课堂，教师的多样化言语表达和表情、动作、教材等非言语亲和力都对教师的授课效果有重要的作用。

　　教师话语的亲和力是教师话语的重要组成部分。亲和力的研究始于二十世纪六十年代，而教师亲和力的研究则在八十年代之后才兴起。教师亲和力的早期研究借鉴了一般人际交流中的亲和力研究成果和研究方法，在研究对象上局限于非言语亲和力的表现方式。八十年代之后的研究主要分析教师亲和力与教学过程各相关因素的关系，制作、验证量表，并逐渐由对传统课堂的研究扩展到网络交流的亲和力。然而，尽管对亲和力的持续研究得出了亲和力的作用的明确结论，但在研究视角、研究方法上仍有明显不足：首先，研究重点为非言语亲和力因素，言语亲和力的研究被长期忽视；其次，研究方法以定性为主，缺乏定量研究；再者，经验式探讨较多，而理论构建不足。

1.1.2 研究意义

对高校教师话语亲和力的深入研究，具有重要的现实意义和理论意义。从现实意义上看，有助于加快教育供给侧改革，提升教学效果，提高高校人才培养质量；从理论意义上看，有助于创新话语体系，探索语言学学科规律。

第一，有助于提升高校教师教学效果。

新时代，高校教育的需求侧正在悄然发生变化。高校应紧密结合社会发展的新要求，主动进行供给侧改革，在遵循教育发展逻辑和课程教学本身内在规律的基础上，进一步加强教学改革，提高教师话语亲和力，用更贴近大学生，更容易被大学生接受的话语表达方式提供给大学生他们所真正需要的高质量产品，进一步优化教学话语体系，提升大学生对高校课程话语体系的认同度，从而实现高校教学供给与大学生精神需求的协调平衡与良性互动，以增强教学实效性。

第二，有助于提高高校人才培养质量。

高校人才培养质量是衡量高等教育发展水平和国家核心竞争力的重要指标。高校师生关系是高校最基本的人际关系，一切教育活动总是以一定的师生关系为基本前提。高校师生关系如何直接关系到教学效果，直接影响到人才培养质量。促进高校师生关系的良性发展。通过理论研究和实证调查分析高校教师话语亲和力对学生学习能力、思想观念的影响，创制高校教师话语体系亲和力测评指标，并对高校教师话语亲和力现状进行实证调查，分析调查结果并提出提升亲和力的可行性路径，进而提高人才培养质量。

第三，有助于丰富高校教师话语体系理论。

随着时代的发展，高校教师话语体系的内容发生了很大的变化，传统话语表达显示出它的弊端和问题：第一，缺乏时代性和新鲜性的话语内容和方式，使话语解释力匮乏，导致说服力减弱；第二，传统话语陷入因网络空间变化引发的信息不对称的困境中，使有效沟通受阻；第三，传统教师话语的特点——

严肃的语境、正统的说教、古板的语句，面对多元环境显示出一定不适应性，降低了主体话语权威。因而，不断从中国传统文化中传承生动形象的经典话语，从中国特色社会主义现代化建设实践中引用时代话语，从网络空间和新媒体介质中提炼新鲜话语，从其他学科和领域借鉴优秀话语，以达到提高高校教师话语亲和力的目的。

1.2 国内外相关研究进展

1.2.1 国外研究现状综述

第一，关于话语理论的研究。瑞士语言学家费迪南·德·索绪尔（Ferdinand de Saussure）是现代语言学理论的奠基者，被称为"现代语言学之父"。在他的著作《普通语言学教程》中，索绪尔提出言语活动分为"语言"和"言语"两部分语言理论，他指出语言是确定的，具有一种社会控制力量，而言语则是不确定的，具有随机变化的特点，要研究语言学必须除去言语从语言入手，并系统地论述了言语和语言的根本区别和相互关系。他的理论奠定了话语研究的理论基础，现代许多话语研究的理论基础都来源于此。马丁·海德格尔（Martin Heidegger）的语言学转向观点和约翰·奥斯汀（John L. Austin）的言语行为理论也为话语理论的发展提供了理论基础。其中马丁·海德格尔的语言学转向观点涉及一个核心问题，即语言的"在者"意义，这对于话语的形成具有重要启示意义。马丁·海德格尔非常重视语言作为存在者的意义，认为语言的本质体现于说道中，人类只有通过语言才能成为社会的存在者，成为社会的实践者。奥斯汀的言语行为理论把言语看作是一种行为，奥斯汀认为比起描述的作用语言的意义更在于语言行为之中，因此他把话语分为陈述式话语和施行式话语，是形式话语强调说话人的意向和说话人的语境。

第二，关于话语理论的实践应用研究。以米歇尔·福柯（Michel Foucault）、尤尔根·哈贝马斯（Jürgen Habermas）、诺曼·费尔克拉夫（Norman Fairclough）为典型代表的批判性话语研究占据国外话语研究的主流地位。米歇尔·福柯是国外话语研究的典型代表之一，他的话语理论研究主要关注"话语的形成"，话语对权利的影响是其话语分析的关键环节，他认为人类科学都要通过话语获得，话语、权利、知识三者互相作用形成复杂的关系网络，其《话语的秩序》《词与物》等著作对话语理论的丰富具有十分重要的积极意义。福柯重点关注话语对权利的影响关系，最先将"话语"一词应用在政治领域，提出话语与知识建构理论，为话语理论的发展提供较好的研究思路。德国学者尤尔根·哈贝马斯的沟通行动理论指出，沟通行动即言语行动，是人们以语言为中介、协调行动者之间关系的互动行动，通过互相沟通来实现；尤尔根·哈贝马斯全面阐述了沟通有效性的条件：可领会性表达、真实陈述和真诚表达的意向、正确的话语，提出了著名的语言交往有效性原则，提出重要的概念——"普遍语用学"。哈贝马斯在《交往行为理论》中提出的四个"普遍有效性要求"："语言表达要达到可领会性、真实性、正确性和真诚性才能交往行为中获得成功。"① 这四大原则为语言的交往提供纲领性指导，对现代话语理论研究产生极为重要的启示。当代英国语言学家诺曼·费尔克拉夫，在福柯的话语理论的基础上，提出从文本的视角建立话语体系，要结合文本、实践话语、社会实践来研究话语。著名的批判话语分析学者是英国语言学教授诺曼·费尔克拉夫基于前人话语研究的经验，期望建立更全面的话语结构，转变话语研究视角——从"文本"入手，采用多向度的分析手段将文本、话语实践和社会实践紧密地联系在一起。

第三，话语理论的跨学科综合研究。当前国外的话语理论研究呈现出跨学科、多视角的趋势，具有代表性的有：乔纳森·波特、玛格丽特·韦斯雷尔的《话语和社会心理学》，系统地讲述了运用话语分析的视角进行社会心理学研究；荷兰语言学家冯·戴伊克的《话语·心理·社会》中，运用社会学、传播学、心理学等其他学科领域的相关理论进行话语分析。这些研究为我国思想政治教育话语理论的发展提供了充分依据，具有重要参考价值。国外高校网络思想政治教育的研究重点关注高校网络伦理建设和高校网络教育的意识形态方面，而对高校话语方式的研究较少。

第四，关于教师话语的研究。早在 1970 年，Flanders 首先提出了教师语言行为分析法，同时为语言交互分析方法（Interaction Analysis）的提出做了铺垫，将课堂交互语言行为归类为教师话语、学生话语和沉默行为。在传统的以教师为主导的课堂上，教师掌握着主导课堂的绝对权力，然而在语言交互分析方法的框架下，教师和学生之间应该是互相作用的，即教师应依据学生在课堂上的表现来调整教学策略，而学生则根据教师采取的授课方式和语言来表现并给出反应。从 20 世纪 70 年代开始，更多相关的课堂研究关注点跳出了教师主

① （美）哈贝马斯. 交往与社会进化 [M]. 重庆：重庆出版社，1993：101.

导的传统课堂模式，转向了更真实的小组式学习课堂，该课堂模式更强调由学习者自己来维持秩序和凝聚力（Graddol，1989；Sprague，1993），由此带出了以课堂互动（classroom interaction）为关注点的互动式课堂。Sinclair 和 Coulthard（1975）首创了一个用以描述课堂互动的解析架构（Initiation-Response-Follow-up 或发起——响应——跟进）来分析教师在课堂中的用语对学生的影响，特别是通过提问来促使学生做出回应，以此让教师能更全面地了解学生的知识掌握情况并跟进其学习。随之大量相关研究从各个角度揭示了课堂互动中教师和学生话语的使用情况（Walsh，2011；Alexander，2008；Mercer & Littleton，2007），从结果来看都说明了教师与学生的课堂语言使用能促进有效的沟通。除此之外，有关教师反馈在促进学生学习方面的研究也层出不穷（Hattie & Timperley，2007；Harks，Rakoczy，Hattie，Besser&Klieme，2014；van den Bergh，Ros&Beijaard，2014）。

第五，关于亲和力的研究。国外最早关于"亲和力"的作品是出版于1809 年歌德创作的小说，歌德用化学里的亲和力现象做比喻，书名题做《亲和力》（Elective Affinities），就意在强调婚姻与爱情的矛盾和由此造成的无法避免的悲剧。关于亲和力的研究始见于美国社会心理学家梅拉比安（Mehrabian）的《无声的信息》一书。国外学者对亲和力研究与法学、哲学、教育学等诸多学科领域形成交叉。自 20 世纪 70 年代以来，教师亲切性（teacher immediacy）在美国教学沟通研究领域备受瞩目，被视为与有效教学密切相关，并能产生若干积极结果的教师行为变量。该领域的研究可以概括为以下三个方面：教师亲切性的涵义、教师亲切性的结构与测量、教师亲切性的作用。学术界对亲切性的关注始于对非言语行为的早期研究。梅拉比安首次采用"亲切性"这一术语来表示那些使人与人之间产生亲和力的行为。[1] 安德森（Anderson）将这一概念用于描述教师沟通行为，指出具有亲切性的教师与学生交流时距离更近，面带微笑、保持目光交流、运用姿态手势、触摸，姿态放松而且声音富于变化。教师亲切性被定义为"增加师生间非言语互动并且传递亲切感的教师非言语行为"[2]。可见，早期对教师亲切性的界定主要偏重于非言语方面。教师亲切性研究后来被扩展到言语方面。纽列普（Neuliep）指出，

---

[1] Anderson，J. F. Norton，R. W.，& Nussbaum，J. F.. Three investigations exploring relationships between perceived teacher communication behaviors and student learning [J]. Communication Education，1981，30 (10)：377-392.

[2] ②Gorham，J.. The relationship between verbal teacher immediacy and behaviors and student learning [J]. Communication Education，1988，37 (1)：40-53.

所谓"教师亲切性是指那些缩小师生之间空间和心理距离的教师言语和非言语沟通行为。"① 安德森基于已有非言语行为的研究，并受梅拉比安亲切性概念的启示，对教师亲切性的结构及其测量做了开创性的工作。格尔海姆（Gorham）还编制了一个包括 20 个项目的"言语亲切性量表"②。一些研究者还对非言语亲切性与认知学习的关系进行了探索。雷蒙德等人以学生自我报告作为学习结果的指标，发现教师非言语亲切性不仅与情感学习有关，而且与认知学习存在正相关。凯利（Kelly）与格尔海姆采用实验法检验教师非言语亲切性对学生学习的影响。该研究以教师与学生的接近度和目光接触为自变量，以学生对学习内容的回忆为因变量。实验结果表明，教师非言语亲切性对学生短时记忆的效果有显著影响。格尔海姆通过对不同班型学生的调查指出，除了教师非言语亲切性外，教师言语亲切也能促进学生的学习。而且，班型越大，教师亲切性的作用就越大。因此，在大班授课的情况下教师尤其要注意运用言语和非言语亲切性缩小师生之间的距离，从而促进学生的学习。

关于教师亲切性与学生认知学习的关系也有不同的研究证据。罗德里古兹等人将美国西部一所大学调查数据与早期研究者的数据进行了比较，确立了"非言语亲切性—情感学习"的关系模式，即认为情感学习是教师亲切性与学生认知学习之间的主要中间变量。通过实验，得出以下结论：在适度的教师亲切性的情况下，学生对于学习内容回忆的效果好于教师亲切性过高或过低的情况。就情感学习而言，教师亲切性与学生听课的动机水平、对授课内容的态度、对教师的态度之间也呈倒 U 形关系；就行为学习而言，适度的教师亲切性的效果优于亲切性过高或过低的情况；而在两种极端的情况中，亲切性过高的情况要好于亲切性过低的情况。还有些学者针对"教师亲切性与学生学习动机"，"教师亲切性与学生评价"等问题展开研究，取得一定研究成果。

1.2.2 国内研究综述

第一，关于"话语"理论的研究

20 世纪 90 年代，"话语"一词传入中国，国内学者开始对"话语"展开多角度的研究，既有对国外话语研究的专家学者和话语流派的研究，也有不同

---

① Neuliep, J. W.. A comparison of teacher immediacy in African-American and Euro-American college classrooms [J]. Communication Education, 1995, 44（3）：267-277.

② Kelley, D. H., & Gorham, J.. Effects of immediacy on recall of information [J]. Communication Education, 1988, 37（3）：198-207.

学科领域和话语的交叉研究，如语言学、文学、哲学、政治学、传播学等诸多领域。可以说，话语研究已经成为许多学科的研究热点。概括来说，狭义的话语指人们说出来或是写出来的具体语言，广义的话语是指一切与语言有关的行为或活动。它是人们进行社会沟通互动的基本手段，是进行思想交流和互动的主要方式。话语一旦产生，就传递着一定的价值理念。

综合已有研究成果，主要集中在以下几个维度：

1. 关于话语内涵的研究。主要有以下几种观点。其一，"言语产品"说，如范晓认为："话语是言语交际的产物。说出来的'话'或是用文字写出来的'文本'（包括文章、信及其他形式的书面文本）以及聋哑人用手语打出来的手势组合体，都是'话语'。"① 其二，言语载体说。吴艳东认为，话语是发话者和受话者之间的交际中介，是他们互相理解的桥梁和纽带，是以沟通对话、解决矛盾为价值指向的交往实践活动。② 其三，概念事件说。认为话语是用于表达思想的概念、范畴。杨金海认为："话语，指的就是概念体系。"③ 高玉也认为话语"从根本上讲就是术语、概念、范畴和言说方式所构成的表达体系。"④ 刘同舫借用福柯的观点，用"必须将话语看作是一种政治事件"这一观点直接表明了话语的政治性特征，进而做出"话语反映着相关的社会关系，特别地呈示出表征着一系列社会力量的各种知识抑或意识形态在特定的社会文化环境中的相互影响与相互斗争的关系"的阐释⑤。

2. 关于话语理论层面的研究，成果较为丰厚。主要是在国外话语理论研究基础之上，借鉴索绪尔、福柯、哈贝马斯等国外学者的话语理论进行的研究。胡春阳的话语理论首次从传播学的视角对话语分析进行研究，他提出话语转向并非习惯性表达的话语形式，是在社会文化语境下互动过程的产物⑥；李美霞通过深层挖掘话语类型的理论研究，提出了影响话语类型存在的主要因素，并在实践层面上分析了话语类型研究对语篇学、教育学等多个学科研究的重要作用⑦；袁英的《话语理论的知识谱系及其在中国的流变与重构》⑧ 一书

① 范晓. 关于语言与思维的关系及其相关问题 [J]. 语言科学，2003（11）：75.
② 吴艳东. 高校思想政治理论课教学话语面临的困境与对策 [J]. 思想政治理论，2014（11）：69.
③ 杨金海. 马克思主义中国化研究的文化维度 [J]. 广西社会科学，2012（2）：3.
④ 高玉. 中国现代学术话语的历史过程及其当下建构 [J]. 浙江大学学报，2011（3）：140.
⑤ 刘同舫. 在应对当代各种社会思潮的挑战中发挥马克思主义的威力 [J]. 马克思主义研究，2010（3）：107.
⑥ 胡春阳. 话语分析：传播研究的新路径 [M]. 上海：上海人民出版社，2007.
⑦ 李美霞. 话语类型理论的延伸与实践 [M]. 北京：光明日报出版社，2010.
⑧ 袁英. 话语理论的知识谱系及其在中国的流变与重构 [M]. 湖北：华中师范大学出版社，2013.

中，在全面考察西方话语理论发展的基础上，对话语理论在中国的接受与流变进行了系统梳理。这些都为我国话语理论的研究奠定了基础。

由此可见，人类话语的实质，是语言体系与大的社会历史环境的互补、交叉与融合。说话者或文本书写者在特定语境中，通过语言实现交际目的的言语手段都称为话语。话语主要通过说话者、听话者、环境、文本四种话语要素组合而成。话语参与者为不停变化角色关系的说话者和受话者，他们都是话语事件的主体。言语或文本内容，是话语活动中的关键要素，表现着说话者的意图，又是听话者解码活动的重点所在。语境存在于说话人和听话人两类群体之间，是语言生成和表意的环境。话语活动同语境密切相关，是一种实际社会交往中的语言活动。语境约束着话语内容和传播效果，我们对某一具体的言语活动的探索离不开语境。仅专注于单纯言语系统内的话语研究，而脱离话语生成的社会文化语境，是没有意义的。话语研究不仅要结合话语体系和话语构式，及它所蕴涵的社会文化意义即话语意义，来进行考察，还应在研究中体现出话语与语境的辨证关系。

第二，关于"高校教师话语"的研究

2007年以来，高校教师话语研究逐渐成为新兴研究领域。目前，国内出版的关于教师话语方面的研究专著十余部，文献一百余篇，综合已有研究成果，主要集中在以下几个方面：一是外语类教师话语方面的研究。如学者郭红伟编著的《高校课堂话语中的教师元话语研究》一书中，主要对外语教学的工具和对象——教师话语进行阐述，认为教师元话语普遍存在于课堂教学的各个环节，用来组织、管理课堂进程，比如引入话题、增加话题、继续话题、结束话题等，通过整合以往元话语研究中提出的互动模式和反身模式，尝试提出教师元话语三维功能分析模式，即元交谈、信息引导和人际互动。二是关于思想政治教育话语理论层面的研究。如洪波的《普遍语用学与思想政治教育话语的有效性》《思想政治教育范式转换研究》，邱仁富的《思想政治教育话语论》，李宪伦的《思想政治教育新话语探析》，吴琼的《思想政治教育话语发展研究》，葛红兵的《思想政治教育话语体系研究》等。学者们围绕思想政治教育话语内涵、话语功能、话语现实困境、话语创新路径、话语权等方面进行了研究，取得了较为丰硕的研究成果。

但是，目前"高校教师话语"方面的研究成果还不够丰硕，在中国知网以"高校教师话语"为主题进行检索，共有156篇文献，其中博士学位论文1篇，硕士论文9篇，期刊论文229篇。从2007年以后，呈逐年递增的趋势。2018年之前每年发表文章均为个位数，2018年之后均为每年十几篇，说明近几年学者对高校教师话语的关注度大大增强了（见图1.1）。从主题分布图来看，关于高校教师话语研究的领域涉及"教师话语"、"教师话语权"、"教师课堂话语"、"话语分析""大学英语课堂""高校思政课"等多方面主题（见图1.2）。总体来看，关于"高校教师话语"的研究主要集中在以下四方面。

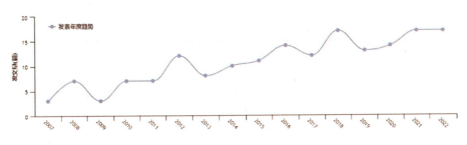

图1.1 "高校教师话语"总体趋势分析

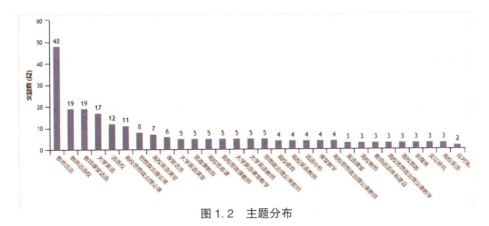

图1.2 主题分布

（1）关于教师话语体系的内涵和意义研究。学者何理提出"五要素"说，认为"教师话语体系包含话语主体、话语客体、话语内容、话语方式和话语语境。"① 李萌认为："话语体系产生于中国革命和建设的实践以及教育教学的实践，是教师和学生所使用的语言、语态、概念、术语、逻辑、修辞、技术、方法等的有机统一体，是理论知识和实践知识的结合。""话语体系建设是高校课程建设的关键。加强话语体系建设有益于提升学科话语权，巩固和提升意识形态话语权，提升青年学生对中国特色社会主义的道路自信、理论自信、制

① 何理．课程话语体系的要素结构［J］. 聊城大学学报（社会科学版），2015（4）.

度自信、文化自信。"① 吴海江认为："高校教师话语是教育实践活动的重要载体，对于传播、转换、认同马克思主义方面发挥着极为重要的作用。"② 李桂荣认为："高校教师话语体系是其教学过程中使用的语言体系，既是其理论体系的表达形式，又是其知识体系的表达形式，其效果直接关系教育者的威信，影响着教育实效性的发挥。"③ 从话语的表述从具体到抽象，反映了学者们对话语内涵的理解由表及里、由浅入深，不只是把话语当作一种简单的言语表达，更注重对话语的深层次理解。

（2）关于对高校教师话语存在问题和面临挑战的研究。吴艳东认为"高校课程尚未走出'教师难教、学生厌学、教学低效'"的尴尬困局。其原因是复杂的、多方面的，如果从微观的教学要素层面反思，教师教学话语在一定程度上的失语甚至失效当属其中的重要原因。在话语内容上，表现为照抄照搬教材的'文本式'话语范式；在话语方式上，表现为教师'独白式'的课堂灌输；在话语指向上，表现为以知识为中心的单维目标。"④ 王影认为："传统教学话语形式发展滞后，主体依然是政治话语、文件话语、权力话语等；话语内容空洞唯理，内容在一定程度上变成了脱离生活实际的'空话'、'大话'，理论成了人们置之不理的'贫困道学'；还有话语表达方式一言堂"⑤ 等。黄蓉生教授提出我们在话语体系建设过程中确实存在问题。一是话语体系解释能力不强，致使有的领域中马克思主义被边缘化、空泛化、标签化；二是话语体系转换力度不够，主要表现在：从教材话语向教学话语转换不足，致使一些高校存在"声音比较小、有理说不出、说了传不开"的状况；三是话语体系建设创新不力，导致不同程度地存在学科中"失语"、教材中"失踪"、论坛上"失声"现象。杨宏伟提出话语权转化过程中存在的不足：第一，重话语形式、轻话语内容。第二，过度追求符合学生的"胃口"以适应学生，不能真正起到引领作用。第三，过于重视大众化，忽视精英化。第四，过于重视新媒体而忽视传统载体。李庆霞教授从三个方面阐述了高校教师话语权面临的挑战：一是社会体制转型的诸多矛盾对教师话语权主体提出的挑战。二是各种社

① 李萌．正确认识高校思想政治理论课话语体系建设的重大意义［J］思想理论教育导刊，2017（1）：78.

② 吴海江．论高校思想政治理论课话语体系的创新［J］．思想理论教育，2014（1）：60.

③ 李桂荣．论毛泽东语言艺术对高校思想政治理论课话语体系建设的启示［J］．思想理论教育导刊，2016（12）：64.

④ 吴艳东．高校思想政治理论课教学话语面临的困境与对策［J］．思想理论教育，2014（11）：69.

⑤ 王影．当代大学生与思想政治理论课话语体系的冲突与调适［J］．教育探索，2012（2）．

会思潮对高校教师话语权阵地的侵占。三是复杂的国际环境对高校教师话语权环境的挑战。① 随着时代的发展，国内、国际环境都发生了很大变化，学者们分析了周围环境的变化对高校教师话语的影响，分析了对其形成的挑战性因素，对高校教师话语体系、话语范式、话语方式、话语内容等不符合时代发展要求的表现进行了分析，找到改进的切入口。

（3）关于话语对策研究：在着力加强高校教师话语建设的对策方面，许多学者从不同的角度阐释了可供借鉴的途径。何理、宋洁琳认为："需要广大从教者强化主体功能，细化话语客体，丰富话语内容，优化话语方式"② 等方式来发展话语体系，更多学者从微观角度提出了加强话语建设的具体路径。

（4）关于高校教师话语权研究："话语权"是近年来时兴于学界领域的一个术语。孙英认为"话语权从字面上理解就是说话权、发言权。""话语权是指在教育活动中教育者以帮助大学生树立正确的世界观、人生观、价值观为主要目标，以语言符号为主要载体，通过设置、表达、传播和运用一定的话语将思想观念、政治理论、道德规范和行为方式等传授给大学生，影响和引导大学生思想和行为。"③ 李庆霞认为"高校教师话语权存在以下挑战：一是社会体制转型中的各种矛盾对话语权主体的冲击，二是各种社会思潮对话语权阵地的侵蚀，三是复杂的国际社会变化对话语权的挑战。"而她认为高校牢牢掌握话语权的关键在于"对高校教师对所授教学内容的深入研究，只要有科研，高校教师就会有话语权。"④

第三，关于高校教师亲和力的研究现状

亲和力是人与人之间心理相容的原动力，看似十分主观难以捉摸，然而人们并没有停止对它的关注和探索。在我国的人文社科研究领域，对亲和力的研究大体集中在以下三个领域：一是文化亲和力的研究，涉及建筑、文化、雕塑、意识形态等领域。如马骏的《浅议城市亲和力的缺失》，王景亮《如何增强企业文化亲和力》等。二是传播亲和力的研究，涉及不同传播形态的各个层面，如电视电影、广告、新闻以及新媒体等领域。如王雪松的《政府信息

---

① 白夜昕. 高校话语体系建设——第九届《思想理论教育导刊》论坛综述 [J]. 思想理论教育导刊 2016（8）：157.

② 何理，宋洁琳. 高校话语体系发展的对策思考 [J]. 江汉大学学报（社会科学版），2016（1）：98.

③ 孙英. 高校思想政治理论课话语权建设的基本内涵与根本要求 [J]. 思想理论教育导刊，2016（10）：112-114.

④ 李庆霞. 高校教师话语权面临的挑战与应对 [J]. 思想理论教育导刊，2016（11）：18.

公开网站亲和力研究》，韩强的《时政新闻亲和力研究》，陈秀泉的《论新闻语言亲和力的构建》，何苗的《社会主义核心价值体系在网络传播中的"亲和力"研究》，神伟的《现代视听媒体语言艺术的亲和力研究》等。三是教育亲和力的研究，主要涉及对高校师生、幼儿教育、辅导员学生管理等方面。如浙江大学闻人行、庞继贤，主要从事教师话语研究，对《知识亲和力的教学话语建构》进行了探讨，王媛媛对《高校师生亲和力问题研究》，陶志琼对《幼儿教师亲和力的基本要求与培养途径》进行了研究。

在中国知网以"高校教师亲和力"为主题进行搜索，共有 122 条检索结果，其中硕士论文十篇，与"高校教师话语"主题检索曲线图走势一致，也是在近五年研究成果出现激增的现象，由以前的每年二、三篇激增到 2018 年 20 篇，2021 年 30 篇。（见图 1.3）主要围绕亲和力的内涵、构成要素、影响因素和提升路径等进行探讨，对于高校思想政治理论课和高校思政课教师亲和力的研究成果比较丰硕。（见图 1.4）

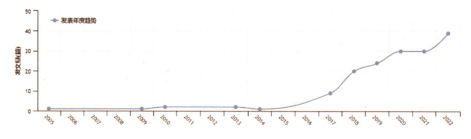

图 1.3 "高校教师亲和力"研究总体趋势

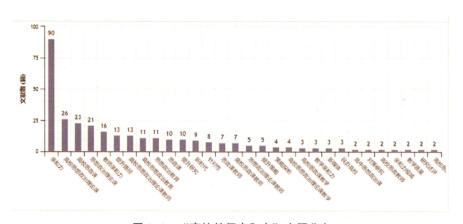

图 1.4 "高校教师亲和力"主题分布

一是关于"教师亲和力的内涵"的研究。从目前所及的资料来看，基于不同的研究视角和研究方法，主要形成了以下三种观点：1. 从交互维度理解教师亲和力。教师亲和力是教育主体之间由于亲近、吸引产生的亲近感、趋同感。邱仁富认为，"亲和力是作为教育主体基本特性的相互性、作为信息基本特性的相互性和作为基本实践活动的相互性之间的有机叠加形成的一种合力育人力量。"①；方世南等认为是"教育者和教育对象在辩证互动过程中显示出来的情感力、吸引力、人文力、感染力的综合"②。2. 从过程维度理解教师亲和力。教师亲和力是教育活动过程之中的亲近感、认同感。白显良认为"既体现了教育的整体特性，也规定着要素特质，是各要素亲和力的合力"③；杨宝忠等认为是"在教育实践活动中使受教育者对教育目标、内容、形式等一系列过程产生的亲近感、认同感与悦纳感。"④ 3. 从价值维度理解教师亲和力。教师亲和力提升是为了满足受教育者成长发展需求和期待，培养德智体美劳全面发展的社会主义建设者和接班人。是"在教育活动中能够引起或激发教育对象产生亲近感、认同感的力量，从而使教育对象自觉接受教育活动所传达的价值观念和目标导向。"⑤ 上述观点从不同维度阐述了教师亲和力是亲近、吸引产生的亲近感、趋同感、认同感的内涵意蕴。

二是教师亲和力的结构研究。主要分为内在与外在、感性与理性、静态与动态三个角度来考察。1. 从内在亲和力与外在亲和力的角度来看，李建认为"内在亲和力是指教育内容的知识性、真理性和价值性，外在亲和力由教育目标的认同感、教育者综合魅力和教育过程的和谐感构成。"⑥ 2. 从感性亲和力与理性亲和力的角度来看，有学者将亲和力划分为感性亲和力和理性亲和力，认为"感性亲和力是教育过程中被人直接感受到的、承担教育内在价值的物质载体和外在形态对受教育者感觉、知觉产生的吸引力和感召力，理性亲和力是在感性亲和力的基础上，受教育者经过综合的判断和识别，对教育内生价值

① 邱仁富. 论新时代思想政治教育的亲和力 [J]. 河海大学学报（哲学社会科学版），2018 (6)：9–14 +90.
② 方世南，徐雪闪. 提升思想政治教育亲和力和针对性研究 [J]. 思想政治课研究，2017 (1)：13–18.
③ 白显良. 提升思想政治教育亲和力需把握的几重关系 [J]. 思想理论教育，2017 (4)：17–22.
④ 杨宝忠，詹妍. 论提升思想政治教育亲和力 [J]. 思想政治教育研究，2018 (3)：122–125.
⑤ 张茜. 思想政治理论课亲和力的构成及提升路径 [J]. 宁波教育学院学报，2018 (5)：47–50.
⑥ 李建. 高校思想政治教育亲和力研究 [D]. 西南交通大学博士论文，2018：19.

和理论意蕴产生的发自内心的趋近感。"① 3. 从静态亲和力与动态亲和力的角度来看，陈桂蓉等认为"静态亲和力除了教育者与教育对象这些'人'的要素外，还包括内容亲和力、方法与手段亲和力、情境亲和力等'物'的要素"② 以上研究成果为清晰地理解教师亲和力的结构奠定基础。

三是高校教师亲和力的影响因素研究。学者们主要从教育主体、教育内容、教育方法、教育环境等视角对高校教师亲和力提升影响因素进行分析。金炜康从"课程载体的时代性和科学性、课程教学的针对性与实效性、授课教师素质与影响力、教学环境的协调性与先进性"③分析亲和力生成机制；白显良提出要"提升教学理论魅力、实践魅力、话语魅力和人格魅力"④；刘川生认为"部分教师内功不足、专业素养和学术功底不强促使课程的亲和力与针对性大打折扣"⑤；吴宏亮从教学话语分析看"教学较多地运用学术话语、文件话语和书面话语，过于理论化、概念化和抽象化"⑥；信息化条件下，社会转型给高校教师亲和力造成了冲击，高永强认为"有的教学内容用'宣告'代替了'说理'，用'说教'代替了'引导'"⑦。以上都是影响高校教师亲和力的多维因素。

1.2.3 国内外研究述评与趋势

分析现有文献科研看出，国内外学术界话语研究方面已取得一定成果。国外自 20 世纪 70 年代以来，对教师亲切性（teacher immediacy）的研究在美国教学沟通研究领域备受关注，研究领域涉及教师亲切性的涵义、教师亲切性的结构与测量、教师亲切性的作用，尤其是对教师亲切性的测量方面研究成果比较集中，安德森（Anderson）、格尔海姆（Gorham）、凯利（Kelly）等学者都

① 路遥，张艳红．思想政治教育亲和力内涵、结构及生成机制 [J]．胜利油田党校学报，2018（4）：86-90．

② 陈桂蓉，练庆伟．反思与重构：思想政治教育亲和力价值和定位 [J]．福建行政学院学报，2006（5）：23-27．

③ 金炜康．论思想政治理论课亲和力的生成机制 [J]．思想理论教育导刊，2019（2）：105-107．

④ 白显良．论高校思想政治理论课教学亲和力的逻辑生成 [J]．思想理论教育导刊，2017（4）：93-98．

⑤ 刘川生．以习近平新时代中国特色社会主义思想为指导 努力提升高校思想政治理论课亲和力与针对性 [J]．中国高教研究，2018（2）：1-6．

⑥ 吴宏亮．在改进中加强，着力提升思想政治理论课的亲和力和针对性 [J]．思想理论教育导刊，2017（2）：18-21．

⑦ 高永强．论提升思想政治理论课亲和力及应注意的问题 [J]．思想理论教育导刊，2017（6）：82-85．

尝试编制了用于测量言语亲切性和非言语亲切性的量表，对教师亲切性的测量做了开创性的工作。雷蒙德等学者还对非言语亲切性与认知学习的关系进行了探索，发现教师非言语亲切性对学生短时记忆的效果有显著影响，格尔海姆通过对不同班型学生的调查指出，除了教师非言语亲切性外，教师言语亲切也能促进学生的学习。通过实证研究，得出以下结论：教师亲切性对学生情感学习和认知学习都会产生影响。而且，班型越大，教师亲切性的作用就越大。因此，在大班授课的情况下教师尤其要注意运用言语和非言语亲切性缩小师生之间的距离，从而促进学生的学习。这对确立本论文的研究研究价值和研究方向具有重要的启发作用，也对编制亲和力量表提供了可贵经验。

从国内研究状况来看，目前，学术界对"话语"、"高校教师话语"、"高校教师亲和力"等问题十分关注，有一定数量的研究成果，但重复研究现象较为普遍，高质量研究成果较匮乏，在研究理论性、深刻性和研究方法方面还有不足之处。而目前学术界对于"高校教师话语亲和力"方面的研究还十分薄弱：在中国知网以"高校教师话语亲和力"为主题进行检索，只有12篇相关学术论文，需要进一步对"高校教师话语亲和力"进行深入研究。

第一，注重"话语"研究，但对"话语亲和力"研究不足。"话语"是近年来学术界研究的热点问题，研究范围涉及语言学、文艺学、传播学、哲学、文化学、政治学、社会学、历史学乃至自然科学等诸多学科领域。最近三十多年，"话语"已经被泛化到了几乎所有的社会和人文学科，几乎所有的被语言所表达的都可以被指称为"话语"。政治学领域的"话语"，作为调控社会关系的手段，话语是政治意志表达的重要媒介，是政治思想、政治理念的载体。"亲和力"是从相关学科嫁接而来的热点问题，对亲和力概念使用边界在一定程度上存在任意性，如将亲和力等同于吸引力、感染力、说服力、情感力、影响力、描述力等，导致研究的权威性和共识性有待进一步提升。另外，从系统论角度讲，各要素亲和力之间如何有效衔接与让渡，形成亲和力合力场？如果某一要素缺位，或者在衔接中出现减弱或消解现象，如何"补位"等等相关研究也还是空白，亟待深入。在话语亲和力方面，目前研究成果主要涉及内涵、结构、问题、实现路径等，对话语亲和力的研究缺乏更深入、更广泛的关注，目前尚未形成全面系统的研究框架和研究体系。尤其是对话语亲和力的理论根源、运行规律方面研究不足，这在一定程度上制约思政课亲和力研究。

第二，注重理论研究而很少运用实证研究。目前对提升高校教师亲和力效果方面的研究多是从"内涵分析—问题阐释—提出对策"等自成体系的论证闭环，相关研究主要是采取演绎、概括、抽象的方式进行，以经验总结和对策应用性研究居多，对提升教师话语亲和力的路径选择多表现为针对某个具体问题的"个别化"研究，研究成果带有明显的经验性色彩，针对性与可操作性较为缺乏。缺乏理论梳理、概念比较研究和实证性研究，这直接影响知识增量和实效水平提升，影响高校教师话语亲和力研究的学术性、思想性和深刻性。因而，在研究方法上，可以将定性研究与定量研究相结合，将"高校教师话语亲和力"作为自变量，将"教学效果"作为因变量，分析影响教师话语亲和力效果的诸多因子，建立亲和力测评模型开展高校教师话语亲和力现状调查的实证研究。这将对在理论层面和实际操作层面提升高校教师话语亲和力提供有力的数据支撑，具有较强的现实意义。

1.3 研究思路与方法

通过问题诊断——对策建议的思路展开研究。通过实证调查，对高校教师话语亲和力调研结果进行剖析，进一步分析原因，提出高校教师话语亲和力提升的应对之策。本研究的技术路线图如图所示：

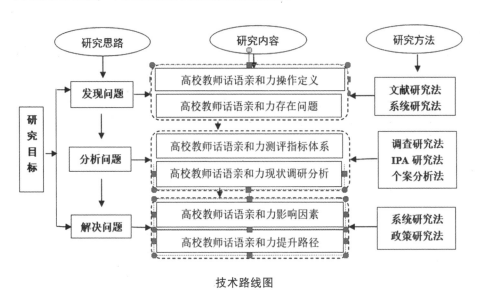

技术路线图

1.4 研究方法

1. 文献分析法。高校教师话语亲和力的研究目前还处于起步阶段，采用历史研究、文献综述的方法梳理前人的研究成果，通过全面地收集、整理文献来获取有效信息，分析相关领域已经解决哪些问题，还有哪些问题亟待解决，对于开展研究具有重要的作用。

2. 系统分析法。高校教师话语亲和力的研究学科交叉性很强，因此本文从多学科视角开展系统性研究。除了需要运用思想政治教育的知识与方法，还借鉴了语言学、传播学、伦理学、心理学等相关学科的知识与方法，以综合性、创新性思维科学、系统地分析高校教师话语亲和力问题。

3. 实证主义研究方法。本研究应用性很强，因此需要对教育的主体、客体进行访谈，以便获取第一手材料。在研究高校教师话语亲和力的构成要素、测评指标及高校教师话语亲和力现状时都需要运用问卷调查和多变量分析法，在检验各个量表信度、效度基础上通过结构方程模型对数据进行分析，对本文提出的理论假设进行检验。

4. 解释现象学分析（IPA）研究方法。作为定性研究方法，解释现象学分析运用目的性访谈，通过对调查问题丰富的描述与解释来提供一种认识的视角，从原始材料中推出结论。选择 6 个同质被试，研究密切涉及的教师和学生，分享师生关系现状与教师话语亲和力的经验与观点，关注他们共同认同的观点。走进教学课堂，深入真实的教育生活情境，聆听身处教育情境中的教师和学生自己发出的声音，才能真正了解其复杂性与真实性。

5. 个案分析法。亲和力作为一种心理体验，是人们对身处其中的世界的理解，是对人与人交往的理解，在人与人互动的过程中凸显出来。通过观察和分析课堂教学话语的语料能够总结出其特征，进而展开分析。因此，本文用以研究的语料数据不仅来自于问卷和访谈，还会以高校课堂教学过程为分析对象，通过随堂听课以及课堂录音等方式记录教学过程，从课堂中抽取真实可信的、第一手的语料样本，从教师话语量、提问类型以及对话结构等方面着手进行分析，得出有效数据，从而将定量研究和定性分析有机结合起来。

第二章　高校教师话语亲和力概述

本章主要是对论文涉及的核心概念和理论基础做出阐释和界定。第一部分，明晰基本概念。在系统阐释话语、话语亲和力，高校教师的基本概念的基础上，界定高校教师话语亲和力的概念内涵，构筑论文写作的逻辑起点。第二部分，阐述理论基础。第三部分，阐述实践探索的历程与经验。

2.1　基本概念

2.1.1　话　语

词源学汉语中的"话语"大多作为"说话、讲演和论述等"解释。不同学科领域专家学者对话语内涵都有自己的见解，至今未有达成一致的意见。总体来看，学术界普遍认同：话语是在交际中产生的，有话语交往的主客体；话语和一定语境分不开，在特定语境中产生的。西方语系中的"话语"（discourse）由前缀 dis（分离、穿越）加词根 course（进程，道路，航向，路线）组成，意思是对事物展开的演绎、推理、叙说。

第一，对于话语内涵的理解。美国学者波林·罗斯诺认为，"话语是所有被书写或被言说的东西、所有引起对话或交谈的东西"[1]；法国哲学家米歇尔·福柯认为，"话语来自于语言之中，原是指一个语言序列，交谈、对话、讲述以及论证都可以被视为话语的形式"[2]；瑞士著名语言学家索绪尔主要从能指和

---

[1]　波林·罗斯诺. 后现代主义与社会科学 [M]. 上海：上海译文出版社，1998.

[2]　米歇尔·福柯. 福柯说权力与话语 [M]. 武汉：华中科技大学出版社，2017：28.

所指、语言与言语两者之间的关系方面阐述话语理论。他认为，"语言符号不是特定的，而是任意的，可以任意组合。能指和所指呈现出的这种符号关系，不是实名性的关系，仅仅是一种观念。"而在语言和言语的关系上，索绪尔认为，"语言是确定的，言语是不确定的；语言是社会控制的力量，言语是个人运用自己机能的行为。"[①] 学者胡学常认为，"话语是人们在特定的历史条件下和社会环境下，决定自己该说什么，该怎么说的潜在性制约机制。"[②] 范晓指出话语由话语内容与话语形式两部分构成，话语内容即言语者表达的思想内容和价值观念，话语形式即言语者借以表达思想内容和价值观念的方式和手段，话语是二者的统一，是"语言与思想的结合体"[③]。杨生平根据物表征变化的多样性与复杂性，从最初的词与物的关系转变为陈述与物的关系，他认为"对同一事物的不同陈述而形成的系列整体就构成了关于这个事物的话语"[④]。综上所述，他们都认同话语是根据一定词汇和语法规则产生的，用于表达一定的事物的语言序列。

第二，对于话语特征的诠释。当代著名结构主义符号学家茨维坦·托多罗夫认为话语应具备以下三个特征：一是实践性，即话语必须是使用中的语言；二是合规律性，话语必须遵循相应的规则；三是语境相关性，话语是在一定语境下生成并发生作用的，不同语境下的话语具有差异性。有的学者认为话语本身就蕴含着权力，话语显现、释放并行使着权力，亦即话语权。在语言学领域，话语主要指符号系统。在政治学领域话语则常与权力联系在一起。从形式上看，话语是口头交谈或书面交流的语言；从内容上看，话语是用符号来表达一定的价值观念。话语的功能并不局限于传达信息，更为重要的是话语背后蕴含的发声者的立场观点、情感态度和价值取向。有的学者依据话语活动包含着说话者与受话者的事实，强调了话语间性，并指出话语间性具体表现为符号差异性、主体间性和语境间性等三种形式。由于话语总存在一定的空间中，有学者专门探讨了话语场，认为话语场是指人与人言语交流沟通的关系及场域。由此可以分析，话语具有实践性、合规律性、语境相关性、政治立场性、权力归属性等多种属性。

为了更清晰地识别"话语"的内涵，我们还有必要分清楚"话语"和

---

① ［瑞士］索绪尔著，高明凯译. 普通语言学教程［M］. 北京：商务印书馆，1996：30.

② 胡学常. 文学话语与权利话语［M］. 杭州：浙江人民出版社，2000.

③ 范晓. 语言、言语和话语［J］. 汉语学习，1994（04）：2-6.

④ 杨生平. 话语理论与中国特色社会主义话语体系建构［J］. 中国特色社会主义研究，2015（06）：45-51.

"语言"、"话语"和"话语权"等几对概念。

第一，"话语"与"语言"在形成过程、内涵特征、构成要素等方面都有明显差异。首先，语言是由语音、词汇和语法构成的符号系统，具有静态性、稳定性；而话语是在交际中，人与人的互动中形成的，具有动态性、社会性。其次，语言的构成要素主要是音素、音节、语素、词汇、短语、句子等；而话语的构成要素是一定的说话人、受话人、文本、沟通、语境等。最后，人们使用语言的方式主要有两种，人的肢体行为（手势、表情等）和文字符号，主要有对话语言、独白语言、书面语言和内部语言等种类；而话语的表现形态主要有书面话语、口头话语和肢体话语，不存在孤立的没有交际的独白话语。

第二，"话语"和"话语权"

"话语"是根据一定词汇和语法规则产生的，特定情境下，主客体双方基于特定立场为了某种目的而进行沟通交流的媒介，具有一定的实践性和政治性。传统话语研究的主要领域是修辞学和诗学，主要研究演讲和文学艺术，古希腊柏拉图、亚里士多德等人的典范性研究具有深远的历史影响。随着印刷媒介和电子媒介的传播方式超越人际交流，话语概念及含义有了很大变化，其表现在，一是超越了对话语的工具性认知；二是研究角度的多元化取向。在对话语的认识上，西方马克思主义及其法兰克福学派的批判理论（以意识形态批评为中心），索绪尔、罗兰·巴特的符号学（以语言、文本为中心）以及后现代各种文化理论形成汇流，使话语成为当代文化与传媒研究中的一个重要概念，话语理论为当代文化研究和社会科学研究提供了后现代的视角。

"话语权"即说话的权利，指一种信息传播主体的潜在的现实影响力。话语权是文化与传媒研究中出现频率甚高的一个词。葛兰西的"领导权"、福柯的"权力话语"、哈贝马斯的"合法化"、罗兰·巴特的"泛符号化"、鲍德里亚"仿像"等思想极大地丰富了话语理论，为研究媒介话语提供了理论基础。随着社会的发展，话语理论研究的多元化趋势使得我们有必要从传播的角度来思考媒介话语权对传播信息内容的影响以及对社会行为产生的作用。西方马克思主义者葛兰西较早从意识形态斗争的角度涉及话语及话语权的问题，他认为，"社会集团的领导作用表现在两种形式中——在统治的形式中和'精神和道德领导'的形式中。"前一形式表现为上层建筑的国家机器，后一种形式则体现为文化领导权或曰话语权。突破了基础——上层建筑二元结构的意识形态奠定了文化研究的基础。后现代思想家福柯进一步指出，人类的一切知识都是通过"话语"而获得的，任何脱离"话语"的事物都不存在，人与世界的关系是一种话语关系，"话语意味着一个社会团体依据某些成规将其意义传播于社会之中，以此确立其社会地位，并为其他团体所认识的过程。"

2.1.2　话语亲和力

亲和力最早是属于化学领域的一个概念，是特指一种原子与另外一种原子之间的关联特性，但现在越来越多地被用于教育学、社会学等学术研究领域。《现代汉语词典》将亲和力解释为"两种及以上的物质，结合成化合物时的相互作用力"。从文本结构构成上，对亲和力进行拆分和释义如下：

"亲"在《辞海》中的可释义为："亲属，有血统关系；特指父母，双亲；婚姻，接亲；娶新媳妇，接亲；关系密切，近亲；亲身，我亲自去；用嘴唇接触，亲一口"。

"和"在《辞海》中的可释义为："和顺，平和，和颜悦色；协调，亲睦，和谐；平息争端，讲和；连带，和衣而卧；数学名词，和数；温和，气候温暖，风和棋局，和棋；介词，表不比较，他和我；读在粉状物中加液体搅拌和揉弄使之有黏性，和面"。

"力"在《辞海》中的可释义为："使物体运动，或使运动的物体静止，或改变物体的运动速度的作用叫作力；力，力量"。

亲和力是与生俱来的吗？亲和力究竟从哪儿来？从话语形式上说，生活化、大众化、时代性、个性化、动作性的语言，都有助于增强亲和力，但这肯定远远不够。可从以下二个维度思考亲和力的来源：

第一，动机来源。亲和力的来源与亲和"动机"密切相关。那么强烈的亲和动机，如果急迫想获得他人肯定或友好表示，赢得支持合作，其表现出的亲和力就高；反之，亲和动机微弱，比如绝对以自我为中心，无视他人的存在，或把自身权力凸显得至高无上，把他人当容器，亲和力就必然降低。现实实践发现，亲和力除了与生俱来外，在一定的行为动机下可通过一定的条件培养打造。亲和力附属于任何一种载体上，常常具有其针对的特定目标。亲和行为本身，就蕴含着动机。

第二，认知来源。个人的认知理念、因果逻辑和综合素养是亲和力的重要来源。人对人的认同和尊重，此为亲和力的根本来源与建构基石。科学传播的亲和力首先来自于对人的尊重，其次是对科学的尊重。倘若人们能认识到"亲和"不仅是一种道德文化，还是一种人文精神，有了这样的理性认知基础，亲和力的话语构建就有了心理前提。要清晰认知到亲和力的核心思想来自平等和民主的理念，本质是爱的情感。对亲和力的正确认知和得当表达，根植于那些深深相信因果、懂得事物内在逻辑联系的人或组织。亲和力的真善美表达，需要慈爱的人文关怀以及包容开阔的眼界和度量。它彰显出真实心理的个人理念和情怀修养，也可看作是人际社交中，一种对尊重与平等进行认同的合作与共赢理性。人类心理的安全渴望对亲和力需求表现在，人类常处于不安之中，总希望缩小人际距离，相互扶持，渴望平等亲密的人际交往，并由此获得公正的评价，这在任何一个话语转型的历史时期表现都十分明显。而在社交需求，即感情需求这个层次涵盖了对友谊、爱情和归属需求，亲和力则是这一切情感需求产生的必需的"润滑剂"。爱情、亲情和友情，是一种归属某一个或几个群体的感情。人们希望成为群体中的一员，并相互关心和照顾，而亲和力是帮助这一内在情感需求得以实现的催化剂和润滑剂。

出版于 1809 年，德国作家歌德创作的长篇小说《亲和力》是出现在学术界的最早的作品，而学术界对"亲和力"的研究最早出现在社会心理学家梅拉比安（Albert Mehrabian）于 1971 年出版的《无声的信息》一书，这是当代亲和力研究最早的权威著作。书中使用了 immediacy 一词表示"亲和力"。书中首次明确了"亲和力准则"，即"人类受自身所喜爱、得到好评的人或事物的吸引，而尽量回避不受欢迎的、得到坏评的人或事物。"① 在话语亲和力研究中，亲和力以各种表示亲近或躲避的形式得以表现。"当言语吸引我们时，则可能引起提问或俯身靠近传达接近意愿；当言论无趣或不能引起赞同时，则常常引发沉默，使得说话人和听话人关系远离以进行回避。反之，对我们表示热情欢迎和意愿友好的人和事物，会对主动表达亲和，让我们对其发生正面的情感投入和行动反馈。"② 梅拉比安的"亲和力原则"认为，亲和力能有效增进与他人的亲近感和交往、缩短交流行为的人际距离。它诞生于人类的社会交往中，是增强吸引力、促进人际关系的言语或非言语的体现。但他没有能够对亲和力进行清晰而权威的界定。我们可追溯到的对现代语言的亲和力呈现所进行的最初的实证研究，也来源于梅拉比安。梅拉比安相信亲和力可通过言语手段和非言语手段呈现出来。梅拉比安观察和分析了人类对话交往中的部分变量。譬如，怎样从暗藏的言语与非言语信息中推测和预判说话者的情感和思想趋向。这激励了他用实验研究法对亲和力的定义继续进行探究。综合实验结果和他在其他领域的思考和收获，他给出制约亲和力表现要素的比例分配，见表 2-1。

① Albert Mehrabian. Silent Messages [M]. Wadsworth Publishing Company. Hardcover：1.
② Albert Mehrabian. Silent Messages [M]. Wadsworth Publishing Company. Hardcover：2.

表 2-1　梅拉比安沟通模型

	组成要素	权重
亲和力构成	来自视觉的身体语言（仪态、姿势、表情）	55%
	来自谈话时的声音（声调、速度、语气）	38%
	说出来的内容	7%

此后，亲和力的概念很快被应用到传播学、教育学、社会学等领域，有关亲和力的跨学科研究开始出现。从传播学上讲，亲和力代表着传播内容、形态、话语与受众之间的"紧密感、亲切感、信任感、互动性、关注度和接受度"，从心理学上讲，亲和力是指人与人相处时之间产生关联的原动力和维系心理上、感情上互相契合的催化剂，是亲近与结合的力量。

社会语境中话语表述的亲近感和影响力，称为话语亲和力。不同于语言（language），话语（discourse）是特定社会语境中，说受话人交流沟通的具体言语行为，包括说话人、受话人、文本、沟通、语境等要素。话语在人际互动中的呈现、说或写出来的语言都是话语，即言语和文本，具有强烈明显的社会性。话语亲和力，指社会语境中话语表述的亲近感和影响力。话语亲和力是沟通和传播的驱动性"情商"，既是一种主观感知，也是客观存在的语言现象。在话语表述中，亲和力与文本设计、语境、表达思维、沟通方式（体裁）、话语风格、语篇使用等紧密相关。话语亲和力可以从以下几方面进行构建。

1. 距离上的亲近。此距离不仅是空间物理位置上的亲近，更是心灵间的亲近。在非言语层面，设法拉进双方情感距离，是亲和力构建的关键。

2. 地位上的对等。受众研究的心理特征表明，居高临下的话语表达让人产生压迫和抗拒心理，对等的话语接触总是更易打动人心。高高在上的媒介表达或言语姿态不会与受话人产生共鸣，冷冰冰的言语也不会被真心喜爱。

3. 发自内心的和善。亲和力的真实表达需要基于内心的认同和接纳。

4. 以对方喜爱的方式或风格去接近。亲和力的一种重要呈现方式，是以对方熟知、喜欢或亲近的方式或风格靠近。

5. 温婉亲和的话语方式和语篇使用。不难发现，拥有亲和形象的人、组织或事物，往往善于运用定位准确、贴近群众、因势利导、幽默风趣的词句语篇。

2.1.3　高校教师话语亲和力

高等学校是本科院校、专门学院和专科院校的统称，简称高校。高等学校主要分为普通高等学校、职业高等学校、成人高等学校。我国高等教育系统拥有双一流、部省合作共建高校、中西部高校基础能力建设工程、卓越工程师教育培养计划、卓越法律人才教育培养计划、卓越医生教育培养计划、卓越农林人才教育培养计划、卓越教师培养计划等项目来推进高校建设。截至 2021 年 9 月 30 日，全国高等学校共计 3012 所。高校教师话语主要是在高校课程中传递的思想意识、价值观念、政治观点和道德规范等的总和，是承载课程所要传递内容的言语符号系统，主要包括基本理论话语、理论发展话语、理论运用话语和历史教育话语四个部分。[①] 第一，基本理论话语。是指体现马克思主义的基本原理、基本观点和基本范畴的术语、概念等，是马克思主义基本立场、观点和方法的具体体现。高校话语是传播党和国家意识形态的，其话语内容必须以马克思主义基本原理为基础内容，向大学生讲授马克思主义的基本立场、观点和方法，同时要分清哪些是必须长期坚持的马克思主义基本原理，哪些是需要结合新的实际加以丰富和发展的理论判断，哪些是必须破除的对马克思主义的教条式的理解，哪些是必须澄清的错误观点，帮助大学生树立正确的世界观和方法论。

第二，理论运用话语。是指能够直接运用于大学生生活实践中，以引导大学生树立正确的世界观、人生观和价值观的概念、范畴和术语。高校教育的目的，就在于以马克思主义基本立场、观点和方法为指导，引领大学生正确分析理论热点问题，解决现实困惑。因此，理论运用话语是对高校教学实效性最有说服力的检验。在向大学生传播了理论"是什么"、"怎么发展的"等问题后，如何将理论素质外化为行为表现，就是高校教育的落脚点。

第三，历史教育话语。历史教育话语，是指对大学生进行历史发展常识和规律教育的概念、范畴和术语，既包括以中国共产党党史、中国革命史等为主题的社会历史发展话语，也包括以马克思主义中国化理论创新成果为主题的理论发展话语。改革开放以来，历史教育始终是高校话语体系的重要内容。广义上来说，包含有意识形态性渗透于内的学术话语，宣传主流意识形态的理论宣传话语，反映日常生活、内心情感的日常交往话语以及具有特定风格的文本话语等。

高校教师话语具有以下功能：

一是中介功能。话语的中介功能，是指话语具有联结教育主体和教育客体的纽带的作用。教育主体要向客体开展教育，就必须借助话语这一媒介，将话语内容承载的信息传递给客体。

---

① 何理. 高校课程话语体系的要素结构 [M]. 聊城大学学报，2015：2.

　　二是建构功能。话语在连接课程素材、组合内容、建构体系方面都发挥着不可或缺的作用。课程话语将零散的、不成系统的素材通过话语主体、话语内容、话语方式、话语语境等黏合在一起，传递给话语客体，完成教育过程。

　　三是阐释功能。话语是整个教育活动顺利开展的润滑剂，适宜的课程话语能够消解教育对象的抵触心理，将教学内容有效阐释，达成理想的教育目标。

　　高校教师话语亲和力是话语亲和力在课程中的展现，是教育者向受教育者传递一定符合社会要求的思想观念，受教育者接受认同并内化践行的双向互动过程，单向度的作用力并不能形成真正的亲和力，必须要靠话语主体与话语对象的交互作用才能实现。同时，高校教师话语亲和力是话语接受者的一种主观内心体验，对亲和力的实际程度难以测评，只能依据话语接受者的行为反映进行推断，构建科学合理的亲和力测评指标体系。通过对国内外研究现状的比较研究，本人认为"高校教师话语亲和力"内涵即教育者通过课程传递的话语力量（包括语言性话语和非语言性话语），而让教育对象产生亲切感、亲近感和认同感，使教育对象乐于亲近、高度认可和诚心悦纳的慑服力、感染力和沟通力，是拉近教育者和教育对象距离的"黏合剂"。其结构模型如图2-2：

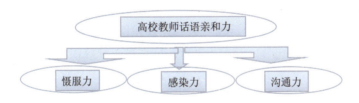

图2-2　思想政治理论课教师话语亲和力结构模型

2.2　理论基础

2.2.1　有关语言的理论

　　马克思主义语言观是马克思主义哲学的重要组成部分，马克思、恩格斯对语言做了大量论述。从《德意志意识形态》到《劳动在从猿到人转变过程中的作用》系统阐述了他们的语言思想，从语言的产生、演变、本质、结构，以及语言与社会、语言与宗教的关系等多方面进行过深刻阐述。

"语言是思想的直接现实"① 是马克思对语言问题的简洁回答，其核心是坚持语言的物质性、现实性、社会性、实践性。在讲到语言的产生时，马克思指出："'精神'从一开始就很倒霉，注定要受到物质的'纠缠'，物质在这里表现为振动着的空气层、声音，简言之，即语言。语言和意识具有同样长久的历史；语言是一种实践的、既为别人存在因而也为我自身而存在的、现实的意识。语言也和意识一样，只是由于需要，由于和他人交往的迫切需要才产生的。"② 恩格斯在《自然辩证法》中也指出"语言是从劳动中并和劳动一起产生出来的，这个解释是唯一正确的。"③ 马克思主义认为物质存在决定意识，语言是客观存在的主观表达。这就是说，语言不是主观臆造的、偶然的产物，而是客观存在的、必然的产物；不是大自然或上帝的造世物，而是实践需要的结果，具有物质性、社会性和批判性，语言同思维、意识之间直接有着同构性。"思维本身的要素，思想的生命表现的要素，即语言，具有感性的性质"④"语言是同思维直接联系的，它把人的思维活动的结果、认识活动的成果用词和句中词的组合记载下来。"语言具有这样的功能："他的这种完全依靠演说家的举止、声调、目光和手势的技能，可以把那些写在纸上看来索然无味的字，用炽烈的明确的语言表达出来。"⑤ 在此基础上，马克思认为语言是一种现实的意识，"是一种实践的、既为别人存在并仅仅因此也为自己存在的、现实的意识。"⑥ 总之，在马克思主义看来，语言是一种政治、历史和物质现象，这与脱离实践的抽象语言观是有区别的。坚持马克思主义的语言观，在分析语言时，从现实的社会为出发点认识理解语言的价值、来源和内涵，在教育过程中自觉体现语言的实践特质，回应重大的理论和现实问题。

2.2.2 语言学理论

我们还要借鉴吸收当代语言学的理论观点。语言学是随着当代西方哲学的"语言转向"而产生的，语言不仅仅是显现人思维的"工具"，而是真理显露和意义创造的"本体"，语言学就是在这一哲学基点上对语言、话语、符号、意义等展开了深入分析，提出了诸多话语分析的理论方法。学术界有几种代表

① 马克思恩格斯全集　第3卷 [M]. 北京：人民出版社，1960：525.
② 马克思恩格斯文集　第1卷 [M]. 北京：人民出版社，2009：533.
③ 马克思恩格斯文集　第9卷 [M]. 北京：人民出版社，2009：553.
④ 马克思恩格斯文集　第1卷 [M]. 北京：人民出版社，2009：194.
⑤ 马克思. 时代的表征（1858-3-11）马克思恩格斯全集　第12卷 [M]. 人民出版社，1962：438.
⑥ 马克思恩格斯全集　第3卷 [M]. 北京：人民出版社，1960：34.

性观点。

第一，符号说。语言学代表人物索绪尔认为，"语言是表示观念的符号系统"。① 这种符号系统就是一系列语音上的差别和一系列意义上的差别放在一起所产生的价值系统。"语言符号不是事物与名称的关系，而是概念与音型的关系……符号是概念与音型的结合。"② 索绪尔认为：语言是以语音为载体、以词为单位、以语法为构建规则的符号系统，在人类交往实践中，能指与所指的联系没有客观上的必然性而以任意的方式进行组合，对同一物体在不同的语言类型中能指与所指的结合方式就有所不同，表现出符号的任意性。"能指与所指之间的关系是任意的……语言符号是任意性的。"③ 语言符号的作用在于传达意义；而这一点之所以可能做到，是因为人们把某些语音模式和某些思维内容任意配合的结果。作为一般符号，语言的物质性的语音或文字作为包含一定信息的载体；物质载体自身的特点与所传递信息之间的联系是任意的；这种联系在一定社会集团内是共同确认的，具有社会性；标示语言单位的符号也形成系统，并受后者制约。作为一种特殊符号，语言是思想观念的直接体现者；语言符号可以成为任何物质现象、社会关系和精神观念的信息载体，比其他符号系统的作用范围更广；在语言中，语音与信息之间的联系是长期的历史形成的，个人只能学习它，而无力改变它；语言符号的能指与所指之间具有层次性、发展的非均衡性和非对称性。

作为一种系统，语言具有系统的一般特性，也具有其专门特性。从发生上讲，语言系统是在长期的历史发展之中形成的，对于每个新加入某语言社团的人来讲，都面临着自然形成的语言，无力去改变它。从语言自身的结构来理解，语言是以语音（或文字）为物质外壳，由词汇和语法构成并能表达人类思想的符号系统。语音是语言的听觉形式，文字是语言的视觉形式；词汇是语言的实体，而语法是语言的结构规则。语音、手势、表情是语言在人类肢体上的体现，文字符号是语言的显像符号。语言都具有一定的意义，即语义，语义是语言作为交际工具的中心所在。

索绪尔还对语言与言语进行阐发。索绪尔指出语言和言语在语言系统中具有不同的含义。语言"既是言语技能的社会产物，又是社会集团为了使个人有可能行使这机能所采用的一整套必不可少的规约"，是语言共同体中全体成员所共同遵守的语法体系。语言是言语活动事实的混杂的总体中一个十分确定

---

① ［瑞士］索绪尔著，高名凯译．普通语言学教程［M］．北京：商务印书馆，1996：15.

② ［瑞士］索绪尔著，高名凯译．普通语言学教程［M］．北京：商务印书馆，1996：66-67.

③ ［瑞士］索绪尔著，高名凯译．普通语言学教程［M］．北京：商务印书馆，1996：67.

的对象，是人们能够区分并加以研究的对象，语言是每个人都具有的同质的东西，语言是可以琢磨的心理符号。① 而言语则是语言的实践运用，"是人们平时所说的那些话，是依赖于语法系统的说话行为。"② 语言与言语之间紧密相连且互为前提。一方面，语言只有通过人的言语活动才能发挥其交际工具之作用，另一方面，言语活动依赖语言材料和语言规则来进行。因此，要使言语为人所理解，并产生它的一切效果，必须有语言；但是要使语言能够建立，也必须有言语。

第二，工具说。语言作为人类最重要的交际工具，是由语言本身的特性以及语言适应人类交际的需要而决定的。首先语言是适应人类交际的需要而产生的。阿耶夫认为，语言产生于人们之间交际的需要。卢梭认为，古老语言是通过激情产生的，而激情是对个人之间交际需要的思考产生的。③ 马克思认为，语言产生于人的实际生活过程，是由于和他人交往的迫切需要才产生的。语言与意识一样都是社会的产物，具有社会历史性。④ 语言能成为交际的工具，与语言的特性密切相关。语言是以语音为物质外壳，由词汇和语法构成并能表达人类思想的符号系统。作为符号，语音可以突破空间的局限，传递说话者的信息，表达一定的意义。语音诉诸人的听觉，相较于视觉而言，听觉不受光线的局限，其传播的媒介是空气，而在日常生活中，空气是无处不在的。语言都能表达一定的意义，人与人之间的交际乃是基于意义的生成和获得。因此，语言才能成为最重要的交际工具。一种语言能否持续的存在，正如帕默尔所言"在所有情况下，我们都可以说：决定词的存亡的标准就是它们作为交际工具的充分有效性。"⑤

第三，对话论。因为语言是人的存在方式，所以人们总是通过语言来认识他人、认识自己。语言不仅仅是一种工具，因为语言在人的使用过程中，所展现的正是人们自身。因而，作为一种言语活动的工具的语言，其使用者和创造者是同一主体。故在语言发挥工具价值的同时，实质上是在向他人展示着使用主体的自身的本来面目。语言因此成为人们认识他人和自身的一种途径。巴赫金"对话"理论认为，一是，语言的意义重于形式。对于说话者来说，话语

① ［瑞士］索绪尔著，高明凯译. 普通语言学教程［M］. 北京：商务印书馆，1996：30.
② 陈嘉映. 语言哲学［M］. 北京：北京大学出版社，2003：70.
③ 卢梭著，洪涛译. 论语言的起源：兼论旋律与音乐的摹仿［M］. 上海：上海人民出版社，2003：15.
④ 马克思，恩格斯. 马克思恩格斯选集第1卷［M］. 北京：人民出版社，2012：452.
⑤ L. R. 帕默尔著，李荣等译. 语言学概论［M］. 北京：商务印书馆，2013：106.

重心不在于语言形式的意指，而在于它能否从具体语境中获得新的、具体的意义。二是，语言是通过言语行为来实现的。话语是言语行为的实际单位，要超越词、短语、句子等传统语法单位而从话语的角度来研究语言。话语作为一种社会活动，只能在具体的对话场景中进行。三是，平等性是对话持续的关键。个体只有在与他者的平等关系中才能摒弃话语霸权，使"每个声音都以自己的独立存在呈现出来。""在话语场中体现语言的意义的关键在于对话者之间的平等性和他们具体的语言行为。"话语作为语言交流的一种实践活动，要充分尊重话语双方的平等性，创新话语方式以激活话语双方的主体意识和调动其主观能动性。

2.2.3　教学学相关基础

（1）雅斯贝尔斯的大学教育观

德国著名存在主义哲学家和教育家雅斯贝尔斯的人本主义教育观认为人是作为一个自由的可能性存在物，其人生就是在不断突破自我的生存体验过程，在这个过程中，教育充满着对人的精神和灵魂的人文关怀。在其教育论著《什么是教育》《大学之理念》中，雅斯贝尔斯阐述了教育的本质本真不是教育者简单的知识或者文化的传递方式或活动，不是受教育者机械被动的接收知识堆积知识，而是自觉"生成"，这种生成是在教育者与受教育者的平等的自由交往和教与学中，受教育者发挥自身主动性，精神得到成长和灵魂得以陶冶，由此说教育者培养出了一个"整全的人"，这样的教育是一种"顿悟的艺术"。那大学教育呢？雅斯贝尔斯认为大学教育的目的就是受教育者在人文和宗教的精神陶冶中，在教育者爱的关怀下，受教育者能做到"回归自我"，实现"自我发展"、"自我超越"，成为"全人"。在教育方法上，雅斯贝尔斯强调教师与学生是处于平等地位的，十分注重自我教育，推崇苏格拉底式的平等对话和善意论战教育方法，在这种平等的开放的师生互动学习进行爱的交流的环境中，"爱的理解是师生双方价值升华的一个因素。"[1] 可以启迪学生的精神，唤醒学生内在的潜力。在师生关系方面，雅斯贝尔斯坚决驳斥以教师为中心的教育观点，认为"教育者不能无视学生的现实处境和精神状况，而认为自己比学生优越，对学生耳提面命。"[2]

这要求新时代高校教师要坚持以学生为中心，关注学生多方面、多层次的

---

① 雅斯贝尔斯著，邱立波译．大学之理念［M］．上海：上海人民出版社，2007：4.
② 雅斯贝尔斯著，邹进译．什么是教育［M］．北京：生活·教育·新知三联书店，1991：1.

新需要，精准把握学生的"所思"、"所想"和"所惑"，以参与者的身份融入师生关系，引导激励学生注重自我学习与积极思考，突破书本和权威的束缚，促进自我实现，增强学生的获得感和幸福感，让学生成为知识丰富、品格健全的人。

（2）教学方法论

高校教学方法论是指导课程建设的重要指针。高校教学法符合一般教学法的特性，遵循一般教学法的规律，也是由教师、学生、教学内容、教学载体、教学环境多种要素构成，而方法是调动各方面教学活动要素的手段和工具，是教师运用特定教学内容形成有助于学生成长成才的特殊环境，促进学生成长进步的工具。在教学活动中，用怎样的话语形式传递知识，其传递的效果大不同。"有时教师要运用口头语言的讲解，利用声音作用于学生的听觉。有时则利用文字符号表现在课本上，学生通过阅读作用于学生的听觉。有时则利用挂图、模型以及幻灯、录音机、电影机等作为知识载体，来传递知识，并通过学生自身的主动活动来促进自身成长。"① 捷克教育家夸美纽斯认为教学活动就是"在可能的范围以内，一切事物都应该尽量地放到感官跟前。一切看得见的东西都应该放到视官的跟前。气味应当放到嗅官的跟前，尝得出和触得着的东西应当分别放到味官和触官的跟前。"②

我们可以这样理解教学方法。第一，教学方法是教师为了完成教学任务和实现教学目标而采取的教学策略。它依赖物的手段或工具，例如多媒体、书本、网络、教学案例、教学情境等，但它不是这些物的手段本身，而是以教学目标为导向、以物的手段为依托的一种主观教学策略。这是教学方法的主观方面。第二，教学方法选用的基本依据有教学目标、学科内容、教学条件等方面，教学方法是这些客观方面合乎逻辑的延伸或"从对象本身去采取规定的东西"。这是教学方法的客观方面。第三，教学方法的有效性取决于它在多大程度上符合教学目标、学科内容和学生心理等因素所规定的目的性与规律性要求，以及教学条件的可能性和运用教学方法的娴熟程度。这是教学方法的效果。第四，教学方法不是唯一的机械的，而是灵活多样的。教学目标、内容和对象不同，方法也应不同。教学方法的基本规定性表明，作为一种主观策略，教学方法受一系列客观因素的制约。

教学方法的运用要立足课程属性和根本要求，树立科学的教学理念，还要

---

① 刘舒生. 教学法大全 [M]. 北京：经济日报出版社，1990：4.
② 夸美纽斯. 大教学论 [M]. 北京：教学科学出版社，1999：141.

处理好理论与实践、传统教学方法与现代教学方法、教学方法与教学理论、改进教学方法与提升教学能力、教学形式与教学实效等之间的辩证关系。教学理论是教学方法的深层基础，没有教学理论的支撑，教学方法改革必然是盲目的。"有效的教学需要一系列复杂的知识和技能"，这些知识和技能即教学理论"能够成为一些有价值的工具，它能够帮助教师组织和理清自己的思考，从而改进自己的决策和教学实践的质量。"

第一，教学中要树立科学的马克思主义理论教育本质观，尤其要理解以下重要问题：学术性和学理性与政治性和思想性之间的关系，课程与大学生成长的内在关系，意识形态话语体系与人文精神话语体系之间的关系，课程内容结构、意义结构和逻辑结构及其内在关系等。这些重要问题在根本上规定着课堂教学的方式方法，是课堂教学方法的内生根据。只有深刻认识和领会这些问题，才能形成科学的教学哲学和教学方法论，才能有效防止教学方法使用上的"走偏跑歪"现象。

第二，教学中要正确理解教学系统内部各要素之间的辩证联系。教学活动是由主体、目的、内容、方法、环境变量等诸多要素构成的动态交往活动体系。其中，教师与学生、掌握知识和提升精神境界、直接知识和间接知识、认知因素与非认知因素等是至为重要的要素。教学的这些要素之间内在的本质的联系就是最基本的教学规律，必须正确认识和理解这些要素之间的辩证联系。教学思想史上的教师中心论与学生中心论、个体本位论与社会本位论、知识中心论与能力中心论、课堂中心论与活动中心论等之间的争执，在很大程度上源于对这些辩证联系的不同见解。唯有科学认识和正确处理教学系统中各个要素之间的内在联系，才能形成科学的教学方法论。

第三，正确认识教学活动的本质特性。同人类其他实践活动相比，教学活动有其鲜明的特点，它的对象不是物，而是具体的、活生生的人，是人的精神世界。教学影响的机制不同于物与物、人与物的相互作用机制，它是教师与学生之间知识、思想、情感、智慧和信念的交往活动。教学活动的特点决定其教学的交往本质，师生之间通过智慧交往、思想交往、情感交往、意志交往、信念交往、德行交往来实现课程教学的交往本质。

2.2.4 心理学相关理论

（1）马斯洛需求层次理论

马斯洛的需求层次结构是心理学中的激励理论，包括人类需求的五级模型，通常被描绘成金字塔内的等级。从层次结构的底部向上，需求分别为：生理（食物和衣服），安全（工作保障），社交需要（友谊），尊重和自我实现。这种五阶段模式可分为不足需求和增长需求。前四个级别通常称为缺陷需求（D 需求），而最高级别称为增长需求（B 需求）。生理需要（physiological needs）：食物、水分、空气、睡眠、性的需要等。它们在人的需要中最重要，最有力量。安全需要（safety needs）：人们需要稳定、安全、受到保护、有秩序、能免除恐惧和焦虑等。归属和爱的需要（belongingness and love need）：一个人要求与其他人建立感情的联系或关系。尊重需要（Esteem needs）：自尊和希望受到别人的尊重。自尊的需要使人相信自己的力量和价值，使得自己更有能力，更有创造力。缺乏自尊，使人自卑，没有足够信心去处理问题。自我实现的需要（self-actualization need）：人们追求实现自己的能力或者潜能，并使之完善化。

（2）ERG 需要理论

美国耶鲁大学组织行为学教授克雷顿·奥尔德弗（Clayton Alderfer）在修正马斯洛需要层次理论基础上提出了一种新的更接近实际经验的人本主义激励需要理论——ERG 需要理论。奥尔德弗基于一个人在同一时间段可能并不是只存在一种需要在起作用的认识，提出人类共存在 3 种最核心的需要追求，即生存的需要（Existence Need）、相互关系和谐的需要（Relatedness Need）、成长发展的需要（Growth Need），简称 ERG 需要理论。生存的需要是人们的基本的物质生存需求，主要指人类赖以生存的衣、食、住、行的物质需要以及工作环境和生活环境提供的安全需要，基本囊括马斯洛需要层次理论中的生理和安全需要；相互关系和谐的需要是对于人与人之间保持一种重要的人际关系的需要，指人在工作和生活中通过与他人接触和交往得到的一种被认可、被赏识，受到他人尊重的满足感，在马斯洛需要层次理论指的是社交需要和一部分尊重需要；奥尔德弗认为人的成长发展的需求源自个人追求自我发展和自我完善的内在的强烈渴望，是独立于其他需要的需求，这种需求通过挖掘个人的潜力才能被激发出来，如自我价值的实现，晋升、获得社会地位，取得重大成就等，这也充分体现了人的本质社会属性。

在 ERG 需要理论中，经济的发展和社会的进步使得人们"生存的需要"普遍得到了满足，人们的需要更多地开始转向"相互关系和谐的需要"和"成长的需要"（可同时进行）。同时，除了最基础的生存需要，另外两个需要在社会关系、社会矛盾和相互间的利益日趋增多而复杂多元化的今天都体现了亲和力存在的必要性，相互关系和谐的需要对亲和力的需求表现在每个人都希望渴望与人亲近，与他人建立联系，使自己隶属于一定的群体，渴望与群体成员和谐相处、相互扶持，渴望平等的亲密的人际关系以解心中之顾虑。同时每个人也希望在自己的成长过程中，得到别人最公正、正确的评价，获得别人的尊重，有一个良好的学习工作平台，提升自己的综合素质，体现自己的力量与价值，从而实现自我的成长发展。这就是人的本质的最高层次的需要，在精神的更高领域实现自我的理想目标和价值追求。

"00 后"大学生处于成年早期（18-25 岁）即孤独—亲密冲突阶段，这一阶段大学生生理成熟，但心理"半成熟"，独立性增强但依赖性依旧存在，乐于接受他人的肯定和赞许，抵触冰冷空洞说教。大学生在情感上的需求与现实生活状态往往存在一定的冲突和矛盾，易产生发展性危机。从大学生的情感需求来看，爱的需要、尊重的需要、自我实现的需要正被当下"00 后"大学生所强烈需要。从大学生现实生活状态来看，大学生需要去适应新环境和新规则，这一阶段亦可理解为大学生"过渡性现象"阶段，环境的重大变化冲击大学生内在心理世界，甚至打破原先心理结构或心理图景。因而，高校教师需要理解大学生对爱的需要、尊重的需要、自我实现等的需求及"00 后"大学生在生活情境中亟待解决的人际问题、学业问题、适应问题等，主动去理解学生在理想与现实之间的巨大鸿沟及对教育理论的信任危机。

（3）温尼科特的客体关系理论

客体关系理论在 20 世纪三四十年代由梅勒妮·克莱因所创立。克莱因认为客体是与主体相对应的对象，只有具有特殊意义的人或物才能成为客体，客体承载着主体的爱、恨、希望等复杂情感。客体关系是一种内部的心理结构，在人的早年人际交往中形成，这种在以往经历中逐渐形成的心理结构可通过记忆或想象在各个方面深深地影响我们目前的生活态度，即人总是习惯沿袭早年形成的"客体关系"观，在生活中寻找符合这种观念的人和事，依此建立人际关系。

温尼科特开创客体关系理论的新转向。唐纳德·温尼科特是二战后英国客体关系理论中间学派领军人物，亦是英国著名的儿科医生和儿童精神分析大师。温尼科特继承了克莱因早年形成的"客体关系"这种内部的心理结构对人格和心理发展有深远影响的理论。但不认同克莱因只关注个体的内心情感冲突，他在儿科临床实践的基础上更加关注个体生命早期中关系和环境的重要作用，开始关注"足够好的母亲""促进性环境"等因素对个体身心发展的影响，开启客体关系理论的新转向。温尼科特在临床实践基础上，观察和咨询了6 万对儿童及父母，基于实践创造性提出"足够好的母亲""过渡性客体""真实自体与虚假自体"等概念并通过英国BBC 广播节目的播出，帮助成千上万的父母去理解孩子的情绪。他的客体关系的主要理论在西方世界被越来越多的人所信服。在个体生命早期"足够好的母亲"就是婴儿的第一个环境，母亲敏感回应孩子的需求本身就是一个"抱持性环境"。"原初的母爱贯注"之下让婴儿获得全知全能感，让婴儿感觉是自己创造了满足自身需要或欲望的物品。婴儿这种出于自身需求或欲望可以去创造世界的感觉或是感知世界在自己的需要中运作的感觉即全知全能感。这种主观的能动体验赋予一个人真实的存在感和体验感，是个体身心发展所需的幻想。"足够好母亲"主动去适应孩子的需要，在被需要的时候敏感回应，让婴儿自然发展到"过渡性现象"阶段，发展现实检验的能力，感知到内在世界与外在世界的差距并逐步理解到需求的满足不仅需要表达，更需要与他人妥协与合作。总之，温尼科特客体关系理论的重要论断是，婴儿从来都不是单独存在的，当你看到婴儿的时候，可以看到照顾他的母亲。婴儿出生的最早几天或几周内，"原始母性贯注"的母亲淡化自身的主体性及她的外在兴趣，做好婴儿需要跟从者和满足者，从而建立绝对良好母婴关系，发展出婴儿的全知全能感。

师生关系同母婴关系一样亦是重要的二元关系。教师发挥情感、人格魅力等隐性因素去感染学生，满足大学生成长发展的需求和期待，在"原始师爱贯注"之下，形成亲密的心理契约范式的师生关系。

（4）人际吸引理论

人际吸引是指在人际交往中人与人之间由于存在某种相似性而在情感方面形成的喜欢或吸引现象，它会导致人与人之间心理的相融，表现为人际心理距离的缩短，对人的好感和喜欢，对人抱有的积极态度。该理论诞生于西方社会学中，主要包括三个理论，认知理论、强化理论和相互作用理论。相互作用理论与亲和力关系紧密，因而主要介绍相互作用理论。这一理论以莱文格和斯诺凯为代表，当人与人在交往中经常感到相处融洽、情感满足并且很愿意与对方相处，那么他们之间就建立了和谐的人际关系。这个过程是一种互酬的过程：我注意听你讲话，你也尊重我的意见；我有事找你商量，你有事找我帮忙……并且这种行为都是一种无意识的行为，会感觉比较自然、不做作。人是社会的人，因而影响人际吸引力的因素也是极为复杂的，社会心理学家经过细致的研究将这些因素概括如下：相似性吸引主要强调三观的相似；接近性吸引是由于不存在太大的空间障碍，相互见面机会多，增加了吸引力；仪表吸引强调了仪容仪表在人际交往中的重要性；补偿吸引是指对方正好能满足自身的需要就会产生吸引力。研究表明，他人若满足对方的需要，则吸引力增强。当然补偿不仅指物质上的需求更指精神上的期望。这一理论为研究高校教师亲和力的提升奠定了良好的基础，如教师可通过注重自身的仪容仪表，为人师表，增加与学生接触的机会，不断满足学生的精神需求等来提高自身的亲和力。

第三章　高校教师话语亲和力测评指标体系

3.1　高校教师话语亲和力操作性定义

　　高校教师话语亲和力是教育者通过课程传递的话语力量（包括语言性话语和非语言性话语），让教育对象产生亲切感、亲近感和认同感，使教育对象乐于亲近、高度认可和诚心悦纳的力量。这一概念较为抽象。为了进一步深化研究，我们对该概念进行操作性定义，以便通过可观察、可测量、可操作的特征来界定变量含义。

　　对概念的界定充分吸收了国内学者白显良、杨宝忠、方世南、胡骄键等理论观点。如白显良认为"亲和力是各要素亲和力的合力"，杨宝忠认为亲和力是"使受教育者对教育目标、内容、形式等一系列过程产生的亲近感、认同感与悦纳感"，方世南认为"教育者和教育对象在思想政治教育辩证互动过程中显示出来的情感力、吸引力、人文力、感染力的综合"，胡骄键认为"提升思政课教学的亲和力，就是要求思政课教师与学生建立良好的亲密互信关系，构筑师生之间良好的互动环境"。在综合研究以上观点后，笔者认为高校思政课亲和力必须以实现理论认同、价值认同为基础，让学生更加愿意亲近并且体现出与学生互动沟通基础上的多种要素综合作用的力量，因此，将高校教师话语亲和力定义成包括慑服力、感染力、沟通力三个维度的可操作性定义（见图3.1），并用实证方法验证了其反映高校思想政治理论课话语亲和力概念内涵和特质的信度和效度。

图 3.1　高校教师话语亲和力初级结构模型

3.2　高校教师话语亲和力测评指标体系的构建

3.2.1　高校教师话语亲和力构成要素探析

（1）第一阶段：通过个别访谈形成访谈提纲。

首次调研被试为 5 名高校教师和 20 名大学生。通过个别访谈，形成访谈提纲（教师版）和访谈提纲（学生版）（见附录一）。访谈提纲（教师版）主要包含五个开放式问题："您平时关心学生所关心的话题吗？为什么？"，"您在课堂上与学生交流他们感兴趣的话题吗？"，"您跟他们聊天过程中发现有代沟吗？主要在什么方面呢？"，"您平时在课外跟学生交流多吗？为什么？""您认为具有亲和力的教学话语是什么样的？"访谈提纲（学生版）主要包含五个开放性问题："请你用几个词汇描绘一下'亲和力'"，"你认为教师的亲和力对于你学习重要吗？为什么？""请具体说说你认为特别有亲和力的教师在课堂上是怎么表现的？""请具体说说你认为缺乏亲和力的教师在课堂上的表现是怎么样的？""你认为具有亲和力的教学话语是什么样的？"

（2）第二阶段：形成高校教师话语亲和力开放式问卷

在大连理工大学、辽宁师范大学、大连交通大学和大连海洋大学共选取十名思政课教师（教授 3 名，副教授 5 名，讲师 2 名）和 100 名学生随机发放自编的访谈提纲进行施测。采用内容分析法对访谈内容进行归类分析，通过比较归纳，最终找出 223 个描述短语。进一步将重复出现频次较高的描述保留（重复使用的短语计算为一个短语）收集到的教师、学生关于高校教师话语亲和力的看法见下表（表 3.2、3.3）。

表 3.2　高校教师语亲和力开放式问卷内容分析（教师版）

维度	内　容
话语的性质	重思想、价值引领；传递正能量；不要传递吐槽、抱怨等无意义的负能量
话语的内容	要对马克思主义理论有深刻的理解；要联系时事热点、联系实际；学术的语言；不要假大空
表述的方式	融会贯通，用生动的语言去诠释；与教育对象共情；表述方式亲切，营造和谐氛围；赏识性的表述；有趣味有品位，不低级庸俗

表 3.3　高校教师话语亲和力开放式问卷内容分析（学生版）

维度	内　容
亲和力的作用	重要；课堂气氛好，能提高听课兴趣，唤起学习兴趣，改变学习理念，获得尊重，乐意接受其思想引导，"就像化学反应中的催化剂，让我更好地学习"
描绘"亲和力"的词汇	和蔼可亲、平易近人、微笑、温暖、互动、善良、温柔、亲切、帮助、友善、幽默、太阳光环、耐心、热心
具有亲和力的教学话语	富有情感，有爱，和蔼，鼓励，风趣幽默，接地气，平等，尊重，能带动气氛同时也有深度内涵，带感情色彩又不失准确科学，站在学生角度，语气、表情、肢体语言等，流行用语，有文采，有哲理的。"宝宝"，"孩子们"，"亲爱的"，"没关系"，"你们认为怎么样啊"，"做得很好"，"咱们"
具有亲和力的课堂表现	微笑，讲课清晰明了，引人入胜，关注且了解学生关注的话题，互动多，常走下讲台与同学交流，幽默感强
缺乏亲和力的课堂表现	严肃古板，自顾自地讲，无互动，平淡、无顿挫，不注意学生想法，不管课堂，不关注学生状态，冷漠，不走心，当众批评，语速快，过分依赖 PPT，讽刺学生

（3）第三阶段：高校教师话语亲和力结构分析

基于开放式访谈结果和国内外关于"话语亲和力"表达指标相关研究成果，运用描述性和指标性相结合的方法，对概念进行界定，形成慑服力、感染力和沟通力三大类属，九个维度的完整概念结构。慑服力是指让人信服的力量，侧重于话语的内容方面，具体体现为话语表达的思想性、逻辑性、权威性等；感染力是指让人乐于接近的吸引力，侧重于话语的形式方面，具体体现为话语表达方式、非语言表达方式、老师个人特质等；沟通力是指通过构建师生良好互动环境产生的让学生愿意亲近的力量，侧重于话语的情境方面，具体体现为话语沟通方式、沟通情境、沟通习惯等。其完整的概念结构体系见图3.4，测度表见表3.5。

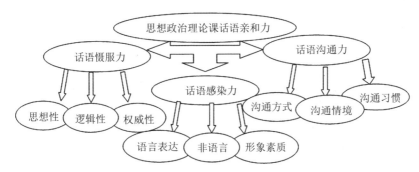

图 3.4　高校教师话语亲和力概念结构图

表 3.5　高校教师话语亲和力概念结构及测度表

类属	维度	内容表述
1. 慑服力	话语表达的思想性	话语在世界观、人生观、价值观方面的引导作用：观点正确，立意高远，知识丰富，重点突出
	话语表达的逻辑性	话语体现出教学内容的逻辑性、完整性与深刻性：概念清晰，判断一致，论证合理，循序渐进
	话语表达的权威性	为了达到教学目的而采取的手段和方式：信息可靠，表述科学，辨析有力，阐述自信
2. 感染力	语言表达方式	话语表达方式：词汇丰富，语言生动，态度真诚，呼唤共情
	非语言表达方式	包括教师的肢体语言、行为习惯、教材、课件以及教学内容表达的其他要素等：幽默风趣，和蔼可亲，平易近人
	任课教师形象素质	教师性格特点、处事方式、教学艺术和人格魅力等：乐观向上，情绪饱满，形容自如
3. 沟通力	沟通方式	信息海量，用词优美，表达顺畅
	沟通情境	善用媒介，善解人意，鼓励为主
	沟通习惯	善于倾听，尊重异见，有的放矢

3.2.2 高校教师话语亲和力调查问卷的编制

在对高校教师话语亲和力结构分析基础上，结合九个维度的具体内容编制题项，通过问卷调查检验预测题项是否为高校教师话语亲和力的相关因素。采用分层抽样的方式，分别抽取大连理工大学、辽宁师范大学、大连交通大学和大连海洋大学的1380名学生作为问卷发放对象，回收有效问卷1256份，有效率为91%。问卷调查结果见表3.6。

表3.6　高校教师话语亲和力相关性因素调查结果

题　目	1 不相关	2 比较相关	3 相关
教学内容是否科学、明确、生动	1.87%	12.9%	85.23%
老师对讲授内容的熟悉程度	1.85%	13.05%	85.1%
是否关注学生思想热点问题	1.73%	12.21%	86.06%
运用案例、讨论等教学方法	1.99%	12.41%	85.6%
老师是否说理透彻	1.39%	14.08%	84.54%
老师的语调是平淡还是抑扬顿挫	1.85%	18.34%	79.81%
老师教学是口语还是书面语	2.23%	20.11%	77.66%
老师是否使用网络语言	7.26%	30.12%	62.62%
老师是否引用诗词、典故	5.94%	25.25%	68.81%
精心制作教学课件，有个人特色	1.73%	17.05%	81.22%
老师站在讲台不动或是在学生中走动	4.81%	24.93%	70.26%
老师讲课中是否辅以手势	3.62%	24.21%	72.17%
老师与学生有目光交流	1.87%	18.06%	80.07%
老师本身的学术素养和人格魅力	1.39%	13.05%	85.56%
老师是否具有幽默感	1.79%	14.54%	83.67%
老师面带微笑	1.75%	15.72%	82.53%
老师对学生要求严格	4.02%	34.69%	61.29%
能叫出学生名字	9.55%	13.62%	76.83%
是否脱稿教学	3.7%	23.59%	72.71%
是否注重与学生互动沟通	1.67%	13.09%	85.24%

通过分析，发现学生普遍认为教师授课内容是否科学、明确、生动，教师对讲授内容的熟悉程度，是否关注学生思想热点问题，是否说理透彻，教师本身的学术素养和人格魅力，教学的语调，运用案例、讨论等教学方法，采用口语还是书面语教学，是否精心制作具有个人特色的教学课件，是否幽默，面带

微笑，脱稿教学，辅以手势，在学生中走动以及是否与学生有目光交流，是否注重与学生互动沟通等体现教师话语慑服力、感染力和沟通力的题项都与高校教师话语亲和力相关度在95%以上；而教师是否使用网络语言，引用诗词、典故，对学生要求严格以及能叫出学生名字相关度稍低，在90%以上。调查结果为问卷的编制提供了依据。

基于国内外相关文献研究，根据高校教师话语亲和力的操作性定义和包括话语慑服力、感染力和沟通力三个类属、九个维度的"高校教师话语亲和力概念结构及测度表"以及相关性问卷调查结果，最终确定了初始调查问卷，共计51个题项，其中客观题49道，主观题2道。选择项按趋向度的高低顺序设计设置为非常符合、基本符合、一般、不符合和完全不符合。高校教师话语亲和力三类属九维度的问卷结构图见表3.7。

表3.7　高校教师话语亲和力问卷结构

类属	维度	题号	题　目	非常符合	基本符合	一般	不符合	完全不符合
慑服力	话语表达的思想性	1	教师的教学内容能够体现出社会主义核心价值观	1	2	3	4	5
		3	体现出教师对中华民族历史文化的认知和情感	1	2	3	4	5
		8	关注学生思想热点问题	1	2	3	4	5
	话语表达的逻辑性	4	基本概念清楚	1	2	3	4	5
		5	教学目标明确	1	2	3	4	5
		6	教学内容体系完整，内容丰富	1	2	3	4	5
		7	理论联系实际	1	2	3	4	5
	话语表达的权威性	9	各门思政课之间的衔接、安排合理	1	2	3	4	5
		2	反映出教师对理论的深刻把握和透彻理解	1	2	3	4	5
		10	教学形式多样	1	2	3	4	5
		15	说理透彻	1	2	3	4	5
		19	语气亲切、有温度有感情	1	2	3	4	5
		32	有深厚的理论素养	1	2	3	4	5

类属	维度	题号	题　目	非常符合	基本符合	一般	不符合	完全不符合
感染力	语言表达方式	11	运用案例教学法	1	2	3	4	5
		12	采用讨论的方式	1	2	3	4	5
		16	语调抑扬顿挫	1	2	3	4	5
		17	语调平淡	1	2	3	4	5
		18	语言流畅、有文采	1	2	3	4	5
		20	教师口语化教学	1	2	3	4	5
		21	采用书面语言教学	1	2	3	4	5
		22	经常使用网络语言	1	2	3	4	5
		23	经常引用诗词、典故	1	2	3	4	5
	非语言表达方式	14	利用多媒体教学手段	1	2	3	4	5
		24	重视听取学生意见	1	2	3	4	5
		25	精心制作教学课件，有教师个人特色	1	2	3	4	5
		28	经常辅助手势	1	2	3	4	5
		29	课堂要求明确	1	2	3	4	5
		30	与学生有目光交流	1	2	3	4	5
		31	上课时总是盯着教案或 PPT	1	2	3	4	5
	任课教师形象素质	33	有很强的人格魅力	1	2	3	4	5
		34	授课有激情	1	2	3	4	5
		35	有幽默感	1	2	3	4	5
		38	乐观向上充满正能量	1	2	3	4	5

续表

类属	维度	题号	题目	非常符合	基本符合	一般	不符合	完全不符合
沟通力	沟通方式	13	开展网络教学	1	2	3	4	5
		39	对学生要求严格	1	2	3	4	5
		40	有很强的课堂教学组织能力	1	2	3	4	5
		41	能叫出学生名字	1	2	3	4	5
		42	教师脱稿教学	1	2	3	4	5
		45	鼓励学生发言	1	2	3	4	5
	沟通情境	26	老师一直站在讲台上或者课桌后面上课	1	2	3	4	5
		27	老师愿意在学生中间走动	1	2	3	4	5
		36	面带微笑	1	2	3	4	5
		37	能很好地控制自己的情绪	1	2	3	4	5
		49	擅于应对突发事件	1	2	3	4	5
	沟通习惯	43	注意与学生互动沟通	1	2	3	4	5
		44	课前或课后愿意与同学聊天	1	2	3	4	5
		46	注意调动学生参与课堂教学的积极性	1	2	3	4	5
		47	及时批改作业做出反馈	1	2	3	4	5
		48	帮助学生组建学习小组	1	2	3	4	5

3.3　预测试统计分析与检验

3.2.1　高校教师话语亲和力调查问卷信度分析

本研究采用分层抽样的调查方法，分别选取大连理工大学、辽宁师范大学、大连交通大学和大连海洋大学的 1780 名学生发放问卷，回收问卷 1780份；剔除无效问卷后，得到有效问卷 1478 份，有效率为 83.03%。其中，男生

807 人，女生 671 人；大一 562 人，大二 431 人，大三 345 人，大四 140 人。采用自编的《高校教师语亲和力问卷》。初始问卷由 51 个题目组成，其中客观题 49 题，主观题 2 题，采用随机排列的方式进行设置。采用 Likert5 点计分的方法，从完全不符合到完全符合依次计 1-5 分。在问卷中设置了逆向题，总计分时通过反向计分进行了分数转换。采用 SPSS26.0 软件进行问卷分析，问卷回收后，对研究所预设的问卷结构进行了验证性因子分析和信度检验，按照因子显著性水平大于 0.05 的标准删除题项，确定最终进入分析的量表及其构成题项共计 48 道题目（其中主观题 2 题）。得到对问卷信度指标的确认（见表 3.8）。

表 3.8 调查问卷信度表

项目	克隆巴赫系数	项目数量
话语表达的思想性	0.935	3
话语表达的逻辑性	0.944	5
话语表达的权威性	0.900	5
慑服力总体	0.971	13
语言表达方式	0.881	8
非语言表达方式	0.761	6
任课教师个人素质	0.950	4
感染力总体	0.944	18
话语沟通方式	0.853	6
话语沟通情境	0.738	5
话语沟通习惯	0.943	4
沟通力总体	0.944	15

信度主要是衡量测量结果稳定程度的指标。信度主要受随机误差影响，反映了测量中随机误差的大小，信度比较低的测验存在的误差也相对较大，不够稳定。在本研究中，我们主要采用了内部一致性信度 α 检测问卷的指标。学者 DeVellis（1991）认为，总问卷的信度系数 0.80 以上最好，0.70-0.80 之间尚可；分问卷信度系数 0.70 以上最好，0.60-0.70 之间尚可。如果分问卷层面的内部一致性系数在 0.60 以下或总问卷的信度系数在 0.80 以下，应该考虑重新修订问卷或增删题项。上表可见，本问卷总体 Cronbachα 系数为 0.962；分

项除"非语言表达方式"和"话语沟通情境"的 Cronbachα 系数在 0.7-0.8 之间，其他量表均在 0.8 以上，表明该量表具有较高的内在一致性，问卷信度好。

3.2.2 高校教师话语亲和力调查问卷效度分析

本研究判断问卷效度的指标采用的是结构效度和内容效度。

（1）结构效度

结构效度是指为了说明、解释和反映问卷对所要测量特质的理论框架、假设属性等内隐或潜在结构。主要采用问卷的内部结构一致性和问卷的结构效度进行检验。问卷内部一致性的相关系数根据心理学家 Tuker 提出的标准，各分维度之间的相关系数在 0.1-0.6 之间，即中低相关；各分维度与总量表的相关在 0.3-0.8 之间，即中高相关，则可以说明问卷具有良好的结构效度。本研究采用了各个维度间的相关以及各维度与问卷的相关来进行分析，以验证问卷的内部一致性。结果表明各维度之间呈中低相关，且相关显著（p<0.01）；各维度与总问卷之间呈中高相关，且相关显著（p<0.01），表明该问卷具有良好的结构效度（见表 3.9）。

表 3.9　问卷的结构效度

T1	0.602***	T13	0.628***	T25	0.377***	T37	0.584***
T2	0.802***	T14	0.662***	T26	0.434***	T38	0.263***
T3	0.777***	T15	0.579***	T27	0.511***	T39	0.495***
T4	0.722***	T16	0.016	T28	0.159***	T40	0.560***
T5	0.724***	T17	0.616***	T29	0.614***	T41	0.487***
T6	0.705***	T18	0.321***	T30	0.578***	T42	0.534***
T7	0.705***	T19	0.201***	T31	0.570***	T43	0.569***
T8	0.675***	T20	0.205***	T32	0.533***	T44	0.516***
T9	0.624***	T21	0.377***	T33	0.564***	T45	0.469***
T10	0.688***	T22	0.527***	T34	0.571***	T46	0.557***
T11	0.555***	T23	0.551***	T35	0.603***		
T12	0.500***	T24	0.036	T36	0.183***		

注：＊p<0.05　＊＊p<0.01　＊＊＊p<0.001

用 AMOS 17.0 对正式问卷的测试数据进行了验证性因素分析，检验问卷的结构效度，各项拟合指标见表。这说明该问卷具有良好的结构效度。

验证因素分析通常使用最大似然法去检验模型和数据的拟合程度。其数据拟合程度的主要指标是拟合指数，应当符合以下标准：①X_2/df，其理论期望值为1，在实际研究中，X_2/df接近2，认为模型拟合较好，样本较大时，数值也会增大。②近似误差均方根（RMSEA）。在模型拟合效果的指标中，若是RMSEA<0.05，则反映出模型与数据两者间拟合较好；若是RMSEA<0.08，反映出模型尚可接受；③因素必须符合陡阶检验；④CFI、NFI、NFI、IFI，这些指标越接近1，越能表明该模型的拟合度越好。通常认为指数大于0.95最好，大于0.9也可以，当指数大于0.85时则能认为拟合程度达到了统计学的要求。

X_2/df	GFI	AGFI	CFI	TLI	IFI	RESEA
23.5	.747	.713	.881	.871	881	.075

从模型的拟合度来看，X_2/df的值介于2.0和5.0之间；CFI、TLI、IFI的结果全部大于0.85，GFI和AGFI的值都大于0.7，RESEA的值都<0.08，表明模型拟合度尚可，均达到了统计学的要求。

表3.10 调查问卷效度表

	Kaiser-Meyer-Olkin Measure of Sampling Adequacy	Bartlett's Test of Sphericity
话语表达的思想性	0.852	0.000
话语表达的逻辑性	0.892	0.000
话语表达的权威性	0.872	0.000
慑服力总体	0.966	0.000
语言表达	0.872	0.000
非语言表达	0.868	0.000
教师形象素质	0.899	0.000
感染力总体	0.960	0.000
话语沟通方式	0.839	0.000
话语沟通情境	0.809	0.000
话语沟通习惯	0.899	0.000
沟通力总体	0.963	0.000

上表可见，量表的KMO值均大于0.8，并且通过了显著性水平为0.05的

Bartlett 的球形度检验，说明量表的问卷数据效度较好，调研结果具有一定的普遍性与代表性。

（2）内容效度

内容效度指的是测验项目在多大程度上反映了所要测定的特征范畴（王重鸣，1990）。本问卷题项的主要来源是文献综述、访谈和对问卷结果的整理，在形成问卷初稿之后，请专业的教育领域的专家、大学教师、硕士研究生及大学生等共 30 人对问卷题项进行评定，确保项目表达清晰、准确，不存在歧义，然后请部分学生试填，最终确定该问卷内容的有效性。然后请部分学生试填，最终确定该问卷符合理论构想。通过以上各种措施来保证问卷内容的有效性。

研究结果表明，高校教师话语亲和力包括话语慑服力、话语感染力和话语沟通力三个类属，话语慑服力包括话语表达的思想性、话语表达的逻辑性和话语表达的权威性，话语感染力包括语言表达方式、非语言表达方式和任课教师个人素质，话语沟通力包括话语沟通方式、话语沟通情境和话语沟通习惯。编制的问卷包括 48 个题目，信度效度较好，验证性因素分析的各项拟合指标表明问卷具有较好的结构效度，表明能够作为测量高校教师话语亲和力的测量工具。

第四章　高校教师话语亲和力影响因素分析

4.1　高校教师话语亲和力影响因素相关性分析

4.1.1　运用高校教师话语亲和力问卷实施调查

运用"高校教师话语亲和力调查问卷"作为调研工具，选取全国七大区域部分省份61所高校进行调查。调查高校从办学层次上看，分为985工程院校、211工程院校、省属本科院校、高职（高专）院校和民办院校；从学科划分上看，有综合类、理工类、师范类、农林类、医药类、财经类、民族类、艺术类、政法类等（具体分布见表4.1）。共计发放问卷4832份，剔除无效问卷后得到有效问卷为4036份，有效率为83.53%。

表4.1　调研高校分布

地区	省级行政区	抽样高校	
东北	辽宁	东北大学	大连外国语大学
		大连理工大学	辽宁中医药大学
		大连医科大学	沈阳农业大学
		大连海洋大学	辽宁师范大学
		辽宁警察学院	
	黑龙江	哈尔滨师范大学	哈尔滨工程大学
	吉林	东北师范大学	吉林大学
		吉林铁道职业技术学院	

续表

地区	省级行政区	抽样高校	
华北	北京	清华大学	北京交通大学
		首都师范大学	对外经济贸易大学
		中华女子学院	中国劳动关系学院
	河北	河北大学	河北科技工程职业技术大学
		河北建筑工程学院	张家口学院
		唐山学院	张家口职业技术学院
	天津	南开大学	天津海运职业学院
		天津理工大学	
	山西	山西农业大学	
华东	山东	中国海洋大学	泰山护理职业学院
		山东师范大学	滨州学院
	福建	集美大学	
	江苏	南京大学	盐城幼儿师范高等专科学校
		江西农业大学	江西服装学院
		江西财经大学	景德镇学院
	江西	江西经济管理干部学院	江西机电职业技术学院
华南	广西	广西师范大学	右江民族医学院
	广东	中山大学	广东警官学院
华中	湖南	湖南大学	湖南工程学院
		湖南文理学院	湖南信息学院
	河南	郑州大学	河南对外经济贸易职业学院
西南	贵州	贵州民族大学	贵州大学科技学院
		贵州师范大学	贵州商学院
	四川	西南财经大学	四川中医药高等专科学校
西北	陕西	宝鸡文理学院	
	甘肃	兰州交通大学	

参与调研的学生自然情况为男生 1506 人，女生 2530 人，分别占 37.3% 和 62.7%；在年级的分布上，主要集中于大一、大二年级，符合主要授课对象分布情况。调查对象中，文科生 1885 人，占比 46.7%；理科生 1064 人，占比 26.4%；工科生 725 人，占比 18.0%；其他类别的学生 362 人，占 9.0%。从政治面貌上来看，党员 79 人，占比 2%；团员 3443 人，占比为 85.3%；群众 514 人，占比为 12.7%；分布情况符合目前高校党团员结构。(见表 4.2)

表 4.2　样本自然情况分布

变量	选项	人数	百分比
性别	男	1506	37.3%
	女	2530	62.7%
年级	大一	2631	65.2%
	大二	1022	25.3%
	大三	308	7.6%
	大四	75	1.9%
专业类别	文科	1885	46.7%
	理科	1064	26.4%
	工科	725	18.0%
	艺术体育类	362	9.0%
政治面貌	党员	79	2%
	团员	3443	85.3%
	民主党派	0	0
	群众	514	12.7%

4.1.2　高校教师话语亲和力影响因素相关性分析

运用 SPSS26.0 软件分析得到高校教师话语亲和力各影响因素相关性分析，见表 4.3。

表 4.3　高校教师话语亲和力影响因素相关性分析

		思想性	逻辑性	权威性	语言表达	非语言表达	个人素质	沟通方式	沟通情境	沟通习惯	亲和力
		相关性									
思想性	皮尔逊相关性	1	.893**	.897**	.644**	.737**	.744**	.677**	.647**	.712**	.584**
	Sig.（双尾）		0.000	0.000	0.000	0.000	0.000	0.000	0.000	0.000	0.000
	个案数	4036	4036	4036	4036	4036	4036	4036	4036	4036	4036
逻辑性	皮尔逊相关性	.893**	1	.884**	.627**	.732**	.731**	.656**	.625**	.695**	.565**
	Sig.（双尾）	0.000		0.000	0.000	0.000	0.000	0.000	0.000	0.000	0.000
	个案数	4036	4036	4036	4036	4036	4036	4036	4036	4036	4036
权威性	皮尔逊相关性	.897**	.884**	1	.716**	.819**	.845**	.767**	.720**	.802**	.626**
	Sig.（双尾）	0.000	0.000		0.000	0.000	0.000	0.000	0.000	0.000	0.000
	个案数	4036	4036	4036	4036	4036	4036	4036	4036	4036	4036
语言表达	皮尔逊相关性	.644**	.627**	.716**	1	.700**	.662**	.697**	.633**	.639**	.489**
	Sig.（双尾）	0.000	0.000	0.000		0.000	0.000	0.000	0.000	0.000	0.000
	个案数	4036	4036	4036	4036	4036	4036	4036	4036	4036	4036
非语言表达	皮尔逊相关性	.737**	.732**	.819**	.700**	1	.799**	.759**	.789**	.787**	.581**
	Sig.（双尾）	0.000	0.000	0.000	0.000		0.000	0.000	0.000	0.000	0.000
	个案数	4036	4036	4036	4036	4036	4036	4036	4036	4036	4036
个人素质	皮尔逊相关性	.744**	.731**	.845**	.662**	.799**	1	.762**	.785**	.832**	.618**
	Sig.（双尾）	0.000	0.000	0.000	0.000	0.000		0.000	0.000	0.000	0.000
	个案数	4036	4036	4036	4036	4036	4036	4036	4036	4036	4036
沟通方式	皮尔逊相关性	.677**	.656**	.767**	.697**	.759**	.762**	1	.726**	.819**	.570**
	Sig.（双尾）	0.000	0.000	0.000	0.000	0.000	0.000		0.000	0.000	0.000
	个案数	4036	4036	4036	4036	4036	4036	4036	4036	4036	4036
沟通情境	皮尔逊相关性	.647**	.625**	.720**	.633**	.789**	.785**	.726**	1	.768**	.561**
	Sig.（双尾）	0.000	0.000	0.000	0.000	0.000	0.000	0.000		0.000	0.000
	个案数	4036	4036	4036	4036	4036	4036	4036	4036	4036	4036

续表

		相关性									
沟通习惯	皮尔逊相关性	.712**	.695**	.802**	.639**	.787**	.832**	.819**	.768**	1	.600**
	Sig.(双尾)	0.000	0.000	0.000	0.000	0.000	0.000	0.000	0.000		0.000
	个案数	4036	4036	4036	4036	4036	4036	4036	4036	4036	4036
亲和力	皮尔逊相关性	.584**	.565**	.626**	.489**	.581**	.618**	.570**	.561**	.600**	1
	Sig.(双尾)	0.000	0.000	0.000	0.000	0.000	0.000	0.000	0.000	0.000	
	个案数	4036	4036	4036	4036	4036	4036	4036	4036	4036	4036

**. 在0.01级别(双尾),相关性显著。

表4.4　高校教师话语亲和力影响因素相关性分析图

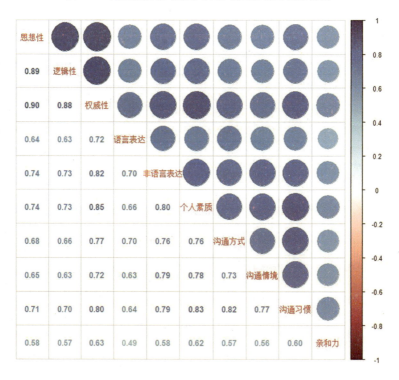

4.2　高校教师话语亲和力影响因素回归分析

4.2.1　全部变量的线性回归

以上做完相关性分析之后，进一步进行回归分析。在统计学中，回归分析是用于研究变量之间的影响关系以及影响程度的分析方法。P 值是用来判断原定假设结果的一个参数，P 值越小，就说明结果越显著。一般认为，如果 P 值小于 0.05 或 0.01，则代表有着显著的相关性，结合回归系数 B 值，则可以分析变量之间的影响程度。路径系数汇总表格展示了变量之间的影响关系情况，标准路径系数用来表示两个变量之间的相关程度，即相互影响的大小。如果呈现出显著性，则说明变量之间有显著影响关系，反之说明变量之间没有影响关系。

以高校教师话语内容的思想性、逻辑性、权威性、语言表达方式、非语言表达方式、任课教师个人素质、沟通方式、沟通情境、沟通习惯为自变量，以高校教师话语亲和力为因变量做线性回归分析，得到 F = 349.417，P < 0.001，说明自变量中至少有一个可以显著影响高校教师话语亲和力，且有 95% 的把握结论正确。由表 4.5、4.6 看出，显著性小于 0.005，说明预测变量沟通习惯、语言表达、逻辑性、沟通情境、沟通方式、非语言表达、个人素质、思想性、权威性都对话语亲和力有显著的影响。

表 4.5　模型摘要[b]

模型	R	R 方	调整后 R 方	标准估算的错误
1	.662[a]	.439	.437	9.943

a. 预测变量：（常量）、沟通习惯、语言表达、逻辑性、沟通情境、沟通方式、非语言表达、个人素质、思想性、权威性

b. 因变量：亲和力

表 4.6 方差分析图

ANOVA[a]					
模型		平方和	自由度	均方	F	显著性

模型		平方和	自由度	均方	F	显著性
1	回归	310880.153	9	34542.239	349.417	.000[b]
	残差	397997.088	4026	98.857		
	总计	708877.241	4035			

a. 因变量：亲和力

b. 预测变量：（常量）、沟通习惯、语言表达、逻辑性、沟通情境、沟通方式、非语言表达、个人素质、思想性、权威性

表 4.7 线性回归结果系数[a]

模型		未标准化系数		标准化系数	t	显著性
		B	标准错误	Beta		
1	（常量）	23.907	1.417		16.869	.000
	思想性	.876	.226	.118	3.869	.000
	逻辑性	.159	.159	.029	1.001	.317
	权威性	.531	.162	.126	3.269	.001
	语言表达	-.004	.062	-.001	-.068	.946
	非语言表达	.095	.088	.027	1.084	.278
	个人素质	.748	.121	.166	6.164	.000
	沟通方式	.323	.094	.080	3.437	.001
	沟通情境	.365	.092	.087	3.979	.000
	沟通习惯	.374	.094	.104	3.999	.000

a. 因变量：亲和力

由表 4.7 可看出，话语内容的思想性、权威性、教师个人素质、沟通方式、沟通情境和沟通习惯显著性值均小于 0.05，说明这些因素是更为显著的影响因素。

4.2.2 逐步回归

逐步回归是一种线性回归模型自变量选择方法，其基本思想是将变量一个一个引入，引入的条件是其偏回归平方和经验是显著的。同时，每引入一个新

变量后，对已入选回归模型的老变量逐个进行检验，将经检验认为不显著的变量删除，以保证所得自变量子集中每一个变量都是显著的。此过程经过若干步直到不能再引入新变量为止。这时回归模型中所有变量对因变量都是显著的。本研究中通过由表4.8、4.9、4.10逐步回归，可看出，话语内容的思想性、权威性、教师个人素质、沟通方式、沟通情境和沟通习惯等六个因素是更为显著的影响因素。

表4.8　模型摘要[e]

模型	R	R 方	调整后 R 方	标准估算的错误
1	.662[a]	.439	.437	9.943
2	.662[b]	.439	.437	9.941
3	.662[c]	.438	.437	9.941
4	.662[d]	.438	.437	9.942

a. 预测变量：（常量）、沟通习惯、语言表达、逻辑性、沟通情境、沟通方式、非语言表达、个人素质、思想性、权威性

b. 预测变量：（常量）、沟通习惯、逻辑性、沟通情境、沟通方式、非语言表达、个人素质、思想性、权威性

c. 预测变量：（常量）、沟通习惯、沟通情境、沟通方式、非语言表达、个人素质、思想性、权威性

d. 预测变量：（常量）、沟通习惯、沟通情境、沟通方式、个人素质、思想性、权威性

e. 因变量：亲和力

表4.9　方差分析

ANOVA[a]					
模型		平方和	自由度	均方	F	显著性
1	回归	310880.153	9	34542.239	349.417	.000[b]
	残差	397997.088	4026	98.857		
	总计	708877.241	4035			
2	回归	310879.701	8	38859.963	393.191	.000[c]
	残差	397997.540	4027	98.832		
	总计	708877.241	4035			

续表

		ANOVAᵃ				
3	回归	310780.524	7	44397.218	449.217	.000ᵈ
	残差	398096.717	4028	98.832		
	总计	708877.241	4035			
4	回归	310646.590	6	51774.432	523.815	.000ᵉ
	残差	398230.651	4029	98.841		
	总计	708877.241	4035			

a. 因变量：亲和力

b. 预测变量：（常量）、沟通习惯、语言表达、逻辑性、沟通情境、沟通方式、非语言表达、个人素质、思想性、权威性

c. 预测变量：（常量）、沟通习惯、逻辑性、沟通情境、沟通方式、非语言表达、个人素质、思想性、权威性

d. 预测变量：（常量）、沟通习惯、沟通情境、沟通方式、非语言表达、个人素质、思想性、权威性

e. 预测变量：（常量）、沟通习惯、沟通情境、沟通方式、个人素质、思想性、权威性

表 4.10 逐步回归图

模型		未标准化系数		标准化系数	t	显著性
		B	标准错误	Beta		
1	（常量）	23.907	1.417		16.869	.000
	思想性	.876	.226	.118	3.869	.000
	逻辑性	.159	.159	.029	1.001	.317
	权威性	.531	.162	.126	3.269	.001
	语言表达	-.004	.062	-.001	-.068	.946
	非语言表达	.095	.088	.027	1.084	.278
	个人素质	.748	.121	.166	6.164	.000
	沟通方式	.323	.094	.080	3.437	.001
	沟通情境	.365	.092	.087	3.979	.000
	沟通习惯	.374	.094	.104	3.999	.000

续表

模型		未标准化系数		标准化系数	t	显著性
		B	标准错误	Beta		
2	（常量）	23.880	1.358		17.588	.000
	思想性	.876	.226	.118	3.868	.000
	逻辑性	.159	.158	.029	1.002	.317
	权威性	.529	.160	.126	3.299	.001
	非语言表达	.094	.087	.027	1.087	.277
	个人素质	.748	.121	.166	6.164	.000
	沟通方式	.322	.091	.079	3.532	.000
	沟通情境	.365	.092	.087	3.985	.000
	沟通习惯	.375	.093	.104	4.022	.000
3	（常量）	24.137	1.333		18.105	.000
	思想性	.985	.198	.133	4.965	.000
	权威性	.584	.151	.139	3.878	.000
	非语言表达	.100	.086	.029	1.164	.244
	个人素质	.746	.121	.165	6.143	.000
	沟通方式	.317	.091	.078	3.482	.001
	沟通情境	.362	.091	.086	3.954	.000
	沟通习惯	.374	.093	.104	4.017	.000
4	（常量）	24.223	1.331		18.196	.000
	思想性	.991	.198	.134	4.999	.000
	权威性	.624	.147	.148	4.252	.000
	个人素质	.757	.121	.168	6.257	.000
	沟通方式	.330	.090	.081	3.661	.000
	沟通情境	.398	.086	.095	4.618	.000
	沟通习惯	.385	.093	.107	4.147	.000

a. 因变量：亲和力

4.3　高校教师话语亲和力差异性分析

4.3.1　不同性别的差异性检验

　　通过表 4.11 群组统计资料可知，分别对男女两个组别的各个指标进行统计，可知男性样本为 1506，女性样本为 2530。在思想性方面，男性和女性的均值相等，男性的标准偏差大于女性的标准偏差，说明女性的思想性较为稳定；同理，在逻辑性方面，女性的均值为 18.55 大于男性均值 18.44，男性的标准偏差大于女性的标准偏差；在权威性方面，女性的均值为小于男性均值，男性的标准偏差大于女性的标准偏差；在语言表达方式方面，女性的均值小于男性均值，男性的标准偏差大于女性的标准偏差；在非语言表达方式方面，女性的均值大于男性均值，男性的标准偏差大于女性的标准偏差；在个人素质方面，女性的均值小于男性均值，男性的标准偏差大于女性的标准偏差；在沟通方式方面，女性的均值小于男性均值，男性的标准偏差大于女性的标准偏差；在沟通情境方面，女性的均值小于男性均值，男性的标准偏差大于女性的标准偏差；在沟通习惯方面，女性的均值小于男性均值，男性的标准偏差大于女性的标准偏差；在亲和力方面，女性的均值小于男性均值，男性的标准偏差大于女性的标准偏差；在慑服力方面，女性的均值大于男性均值，男性的标准偏差大于女性的标准偏差；在感染力方面，女性的均值小于男性均值，男性的标准偏差大于女性的标准偏差；在沟通力方面，女性的均值大于男性均值，男性的标准偏差大于女性的标准偏差；在问卷总分方面，女性的均值小于男性均值，男性的标准偏差大于女性的标准偏差。

表 4.11　不同性别差异性检验

	性别	个案数	平均值	标准 偏差	标准 误差平均值
思想性	男	1506	13.81	1.886	0.049
	女	2530	13.81	1.727	0.034
逻辑性	男	1506	18.44	2.576	0.066
	女	2530	18.55	2.333	0.046
权威性	男	1506	22.67	3.292	0.085
	女	2530	22.66	3.055	0.061
语言表达	男	1506	30.33	4.052	0.104
	女	2530	30.00	3.878	0.077
非语言表达	男	1506	25.36	3.927	0.101
	女	2530	25.44	3.668	0.073
个人素质	男	1506	17.88	2.989	0.077
	女	2530	17.80	2.904	0.058
沟通方式	男	1506	23.79	3.438	0.089
	女	2530	23.34	3.138	0.062
沟通情境	男	1506	20.37	3.238	0.083
	女	2530	20.31	3.124	0.062
沟通习惯	男	1506	22.07	3.812	0.098
	女	2530	21.88	3.616	0.072
亲和力	男	1506	90.53	13.284	0.342
	女	2530	89.43	13.223	0.263
慑服力	男	1506	54.92	7.506	0.193
	女	2530	55.02	6.836	0.136
感染力	男	1506	73.57	9.983	0.257
	女	2530	73.24	9.367	0.186
沟通力	男	1506	66.23	9.768	0.252
	女	2530	65.53	9.042	0.180
问卷总分	男	1506	285.25	36.049	0.929
	女	2530	283.23	34.084	0.678

表 4.12 独立样本检验可知，在思想性方面，F 值为 1.566，P 值为 0.211 大于 0.05，看第一行 T 检验，T 值为 0.01，P 值为 0.992，大于 0.05，说明思想性无显著差异；同理，在逻辑性方面，F 值为 10.280，P 值为 0.001，小于 0.05，看第二行 T 检验，T 值为 -1.392，P 值为 0.164，大于 0.05，说明逻辑性无显著差异；在权威性方面，F 值为 1.715，P 值为 0.190，大于 0.05，看第一行 T 检验，T 值为 0.090，P 值为 0.928，大于 0.05，说明权威性无显著差异；在语言表达方式方面，F 值为 2.147，P 值为 0.143，大于 0.05，看第一行 T 检验，T 值为 2.548，P 值为 0.011，小于 0.05，说明语言表达方式方面有显著差异；在非语言表达方式方面，F 值为 3.862，P 值为 0.049，小于 0.05，看第二行 T 检验，T 值为 -0.648，P 值为 0.517，大于 0.05，说明非语言表达方式无显著差异；在个人素质方面，F 值为 0.246，P 值为 0.620，大于 0.05，看第一行 T 检验，T 值为 0.842，P 值为 0.400，大于 0.05，说明个人

素质方面无显著差异；在沟通方式方面，F 值为 17.032，P 值为 0.000，小于 0.05，看第二行 T 检验，T 值为 4.135，P 值为 0.000，小于 0.05，说明沟通方式有显著差异；在沟通语情境方面，F 值为 0.580，P 值为 0.446，大于 0.05，看第一行 T 检验，T 值为 0.551，P 值为 0.582，大于 0.05，说明非言语情境无显著差异；在沟通习惯方面，F 值为 2.117，P 值为 0.146，大于 0.05，看第一行 T 检验，T 值为 1.566，P 值为 0.118，大于 0.05，说明沟通习惯无显著差异；在亲和力方面，F 值为 0.022，P 值为 0.882，大于 0.05，看第一行 T 检验，T 值为 2.549，P 值为 0.011，小于 0.05，说明亲和力有显著差异；在慑服力方面，F 值为 3.696，P 值为 0.055，大于 0.05，看第一行 T 检验，T 值为 -0.446，P 值为 0.656，大于 0.05，说明慑服力无显著差异；在感染力方面，F 值为 3.528，P 值为 0.060，大于 0.05，看第一行 T 检验，T 值为 1.045，P 值为 0.296，大于 0.05，说明感染力无显著差异；在沟通力方面，F 值为 9.793，P 值为 0.002，小于 0.05，看第二行 T 检验，T 值为 2.240，P 值为 0.025，小于 0.05，说明沟通力有显著差异；在问卷总分方面，F 值为 1.336，P 值为 0.248，大于 0.05，看第一行 T 检验，T 值为 1.778，P 值为 0.075，大于 0.05，说明问卷总分无显著差异。

表 4.12　不同性别独立样本检验

		莱文方差等同性检验		平均值等同性 t 检验					差值 95% 置信区间	
		F	显著性	t	自由度	Sig.（双尾）	平均值差值	标准误差差值	下限	上限
思想性	假定等方差	1.566	0.211	0.010	4034	0.992	0.001	0.058	-0.113	0.115
	不假定等方差			0.010	2944.633	0.992	0.001	0.060	-0.116	0.117
定向性	假定等方差	10.280	0.001	-1.427	4034	0.154	-0.113	0.079	-0.268	0.042
	不假定等方差			-1.392	2919.263	0.164	-0.113	0.081	-0.272	0.046
权威性	假定等方差	1.715	0.190	0.090	4034	0.928	0.009	0.102	-0.191	0.210
	不假定等方差			0.089	2978.075	0.929	0.009	0.104	-0.195	0.214
语音表达	假定等方差	2.147	0.143	2.548	4034	0.011	0.327	0.128	0.075	0.579
	不假定等方差			2.519	3053.482	0.012	0.327	0.130	0.073	0.581
非语音表达	假定等方差	3.862	0.049	-0.659	4034	0.510	-0.081	0.123	-0.321	0.160
	不假定等方差			-0.648	2993.462	0.517	-0.081	0.125	-0.325	0.164
个人素质	假定等方差	0.246	0.620	0.842	4034	0.400	0.080	0.096	-0.107	0.268
	不假定等方差			0.836	3091.197	0.403	0.080	0.096	-0.108	0.269
沟通方式	假定等方差	17.032	0.000	4.232	4034	0.000	0.448	0.106	0.241	0.656
	不假定等方差			4.135	2938.051	0.000	0.448	0.108	0.236	0.661
沟通情境	假定等方差	0.580	0.446	0.551	4034	0.582	0.057	0.103	-0.145	0.259
	不假定等方差			0.546	3073.654	0.585	0.057	0.104	-0.147	0.261
沟通习惯	假定等方差	2.117	0.146	1.566	4034	0.118	0.188	0.120	-0.047	0.423
	不假定等方差			1.545	3031.383	0.123	0.188	0.122	-0.051	0.427
亲和力	假定等方差	0.022	0.882	2.549	4034	0.011	1.099	0.431	0.254	1.944
	不假定等方差			2.546	3151.466	0.011	1.099	0.432	0.253	1.945
慑服力	假定等方差	3.696	0.055	-0.446	4034	0.656	-0.103	0.231	-0.556	0.350
	不假定等方差			-0.435	2932.501	0.663	-0.103	0.236	-0.566	0.361
感染力	假定等方差	3.528	0.060	1.045	4034	0.296	0.327	0.312	-0.286	0.939
	不假定等方差			1.029	3004.851	0.304	0.327	0.318	-0.296	0.949
沟通力	假定等方差	9.793	0.002	2.285	4034	0.022	0.693	0.303	0.098	1.288
	不假定等方差			2.240	2971.772	0.025	0.693	0.309	0.087	1.299
问卷总分	假定等方差	1.336	0.248	1.778	4034	0.075	2.016	1.134	-0.207	4.238
	不假定等方差			1.753	3023.413	0.080	2.016	1.150	-0.239	4.270

4.3.2 不同年级的差异性检验

通过 F 检验可知，各个指标 P 值均小于 0.05，说明各个指标均有显著性差异。(见表 4.13)

表 4.13 不同年级差异性检验结果

		ANOVA				
		平方和	自由度	均方	F	显著性
思想性	组间	121.534	3	40.511	12.787	0.000
逻辑性	组间	263.936	3	87.979	15.095	0.000
权威性	组间	594.455	3	198.152	20.316	0.000
语言表达	组间	723.944	3	241.315	15.666	0.000
非语言表达	组间	856.899	3	285.633	20.422	0.000
个人素质	组间	332.793	3	110.931	12.985	0.000
沟通方式	组间	942.205	3	314.068	30.188	0.000
沟通情境	组间	343.141	3	114.380	11.495	0.000
沟通习惯	组间	1043.456	3	347.819	26.007	0.000
亲和力	组间	9541.304	3	3180.435	18.337	0.000
慑服力	组间	2648.773	3	882.924	17.770	0.000
感染力	组间	5528.255	3	1842.752	20.275	0.000
沟通力	组间	6511.794	3	2170.598	25.420	0.000
问卷总分	组间	91531.674	3	30510.558	25.597	0.000

进而，通过 LSD 方法进行多重比较可知，在思想性、逻辑性、权威性、语言表达、非语言表达、个人素质、沟通方式、沟通情境、沟通习惯和问卷总分方面，大一与大二、大三、大四年级存在显著性差异；在思想性、逻辑性、权威性、语言表达、非语言表达、个人素质、沟通方式、沟通情境、沟通习惯和问卷总分方面，大二与大三年级无显著性差异；在逻辑性、权威性、沟通方式、沟通习惯、沟通力和问卷总分方面，大二与大四年级有显著性差异；在思想性、语言表达、非语言表达、个人素质、沟通情境方面，大二与大四年级无显著性差异；在逻辑性、权威性、沟通方式、沟通习惯方面，大三与大四年级有显著性差异，在思想性、语言表达、非语言表达、个人素质、沟通情境和问卷总分方面，大三与大四年级无显著性差异。

4.3.3 不同专业的差异性检验

表 4.14 中可知，在各个方面的 P 值均小于 0.05，说明有显著性差异。

表 4.14 不同专业差异性检验结果

ANOVA		平方和	自由度	均方	F	显著性
思想性	组间	30.635	3	10.212	3.200	0.022
逻辑性	组间	60.080	3	20.027	3.406	0.017
权威性	组间	118.580	3	39.527	4.004	0.007
语言表达	组间	199.594	3	66.531	4.283	0.005
非语言表达	组间	200.477	3	66.826	4.723	0.003
个人素质	组间	119.702	3	39.901	4.642	0.003
沟通方式	组间	169.499	3	56.500	5.332	0.001
沟通情境	组间	118.874	3	39.625	3.960	0.008
沟通习惯	组间	231.528	3	77.176	5.685	0.001
亲和力	组间	5000.004	3	1666.668	9.547	0.000
慑服力	组间	564.393	3	188.131	3.747	0.011
感染力	组间	1382.897	3	460.966	5.015	0.002
沟通力	组间	1411.761	3	470.587	5.431	0.001
问卷总分	组间	27397.090	3	9132.363	7.561	0.000

用 LSD 方法进行多重比较，在慑服力方面，文科和理科、艺术体育类的显著性 P 值均大于 0.05，说明无显著差异，和工科的显著性 P 值小于 0.05，说明有显著差异，理科和工科的显著性 P 值小于 0.05，说明有显著性差异，和艺术体育类的显著性 P 值大于 0.05，说明无显著性差异，工科和艺术体育类的显著性 P 值小于 0.05，说明有显著性差异；在沟通力方面，用 LSD 方法进行多重比较，文科和理科、艺术体育类的显著性 P 值均大于 0.05，说明无显著差异，和工科的显著性 P 值小于 0.05，说明有显著差异，理科和工科的显著性 P 值小于 0.05，说明有显著性差异，和艺术体育类的显著性 P 值小于 0.05，说明有显著性差异，工科和艺术体育类的显著性 P 值小于 0.05，说明有显著性差异；在感染力方面，用 LSD 方法进行多重比较，文科和理科、艺术体育类的显著性 P 值均大于 0.05，说明无显著差异，和工科的显著性 P 值小于 0.05，说明有显著差异，理科和工科的显著性 P 值大于 0.05，说明无显著性差异，和艺术体育类的显著性 P 值小于 0.05，说明有显著性差异，工科

和艺术体育类的显著性 P 值小于 0.05, 说明有显著性差异; 在问卷总分方面, 用 LSD 方法进行多重比较, 文科和理科、艺术体育类的显著性 P 值均大于 0.05, 说明无显著差异, 和工科的显著性 P 值小于 0.05, 说明有显著差异, 理科和工科的显著性 P 值小于 0.05, 说明有显著性差异, 和艺术体育类的显著性 P 值小于 0.05, 说明有显著性差异, 工科和艺术体育类的显著性 P 值小于 0.05, 说明有显著性差异。

4.3.4　不同政治面貌的差异性检验

表 4.15 可知, 在沟通方式方面的 P 值为 0.027 小于 0.05, 说明有显著性差异, 在其他各个方面的 P 值均大于 0.05, 说明无显著性差异。进一步用 LSD 方法进行多重比较, 在思想性方面, 中共党员、团员和群众两两比较的显著性 P 值均大于 0.05, 说明无显著差异; 在逻辑性方面, 中共党员、团员和群众两两比较的显著性 P 值均大于 0.05, 说明无显著差异; 在权威性方面, 中共党员、团员和群众两两比较的显著性 P 值均大于 0.05, 说明无显著差异; 在语言表达方面, 中共党员、团员和群众两两比较的显著性 P 值均大于 0.05, 说明无显著差异; 在非语言表达方面, 中共党员、团员和群众两两比较的显著性 P 值均大于 0.05, 说明无显著差异; 在个人素质方面, 中共党员、团员和群众两两比较的显著性 P 值均大于 0.05, 说明无显著差异; 在沟通方式方面, 中共党员和团员、群众的显著性 P 值均大于 0.05, 说明无显著差异, 团员和群众的显著性 P 值为 0.014 小于 0.05, 说明有显著性差异; 在沟通情境方面, 中共党员、团员和群众两两比较的显著性 P 值均大于 0.05, 说明无显著差异; 在沟通习惯方面, 中共党员、团员和群众两两比较的显著性 P 值均大于 0.05, 说明无显著差异; 在慑服力方面, 中共党员、团员和群众两两比较的显著性 P 值均大于 0.05, 说明无显著差异; 在感染力方面, 中共党员、团员和群众两两比较的显著性 P 值均大于 0.05, 说明无显著差异; 在沟通力方面, 中共党员、团员和群众两两比较的显著性 P 值均大于 0.05, 说明无显著差异; 在问卷总分方面, 中共党员、团员和群众两两比较的显著性 P 值均大于 0.05, 说明无显著差异。

表 4.15　不同政治面貌差异性检验结果

ANOVA						
		平方和	自由度	均方	F	显著性
思想性	组间	13.618	2	6.809	2.132	0.119
逻辑性	组间	33.162	2	16.581	2.818	0.060
权威性	组间	11.545	2	5.772	0.583	0.558
语言表达	组间	24.087	2	12.043	0.773	0.462
非语言表达	组间	39.806	2	19.903	1.403	0.246
个人素质	组间	16.772	2	8.386	0.973	0.378
沟通方式	组间	77.038	2	38.519	3.628	0.027
沟通情境	组间	28.874	2	14.437	1.440	0.237
沟通习惯	组间	28.279	2	14.140	1.038	0.354
亲和力	组间	336.885	2	168.442	0.959	0.383
慑服力	组间	155.059	2	77.530	1.542	0.214
感染力	组间	219.313	2	109.657	1.190	0.304
沟通力	组间	221.860	2	110.930	1.276	0.279
问卷总分	组间	2945.982	2	1472.991	1.214	0.297

第五章　高校教师话语亲和力调查结果分析

5.1　高校教师话语亲和力的总体状况

5.1.1　大学生对高校教师话语亲和力整体满意度较高

通过高校教师话语亲和力影响因素的相关性分析可知，高校教师话语内容思想性、逻辑性、权威性，语言表达方式、非语言表达方式、任课教师个人素质，沟通方式、沟通情境、沟通习惯等都与话语亲和力相关，也就是说高校教师话语内容思想性、逻辑性、权威性，语言表达方式、非语言表达方式、任课教师个人素质，沟通方式、沟通情境、沟通习惯越好，教师话语亲和力越强。通过回归分析得到话语内容的思想性、权威性、教师个人素质、沟通方式、沟通情境和沟通习惯等六个因素是最为显著的影响因素。

问卷中"请您对接触到的教师话语亲和力整体印象进行评价"矩阵打分题的平均分为90.27分，分数段81-100分的有3691人，占比为91.5%（区间分布图见表3.10）。根据Likert 5点式计分法对高校教师话语亲和力进行描述式分析，数字越大代表满意度越高，问卷平均得分为4.26分，也能体现出调查对象对高校教师话语亲和力状况比较满意，整体认同度较高。

具体来看，大学生对高校教师在社会主义核心价值观、对中华民族历史文化认知情感等价值导向作用发挥方面比较认可；对教学内容丰富、运用多媒体教学手段、理论联系实际等慑服力方面评价较高；对教师语言表达方面说理透彻、教师乐观向上充满正能量等个人素质等体现出的感染力方面比较认同；对教师关注学生思想问题、鼓励学生发言、理论联系实际等体现出来的沟通力方面比较满意。

5.1 评价分数区间分布图

分数区间（分）	0-20	21-40	41-60	61-80	81-100
数量（人）	15	21	52	257	3691

5.1.2 大学生对高校教师话语慑服力高度认同，但对关注学生思想问题方面有更高期待

高校教师话语慑服力在各维度中的均值最高，为4.58分。各题得分均在4.48-4.63之间，其中"话语表达的思想性"平均分为4.6分，"话语表达的逻辑性"平均得分最高，为4.63分，"话语表达的权威性"得分为4.53分。在各题项中，得分最低的为第九题"关注学生思想问题"，表明教师对大学生思想动态了解不足，在加强教学话语针对性方面有提高的空间。（见表5.2）

表5.2 教师话语慑服力维度描述性分析图

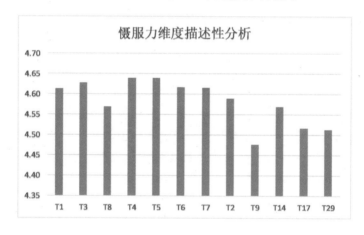

5.1.3 大学生对高校教师话语感染力比较满意，但话语表达方式应进一步加强

高校教师话语感染力维度均值为4.15分，其中，"非语言表达方式"为4.23分，"任课教师个人素质"为4.46分，"语言表达方式"得分最低，为3.77分。此维度中，得分低于3.5分的三道题分别为16、19、28题，16题

"教师语调平淡"得分为2.69分,19题"采用书面语言教学"最低,为2.09分,28题"上课时总是盯着教案或PPT"为3.42分(表5.3)。可见,高校教师话语的通俗性方面还有一定欠缺,在教材话语转化为教学话语、书面话语转变为生活话语方面还有一定差距,抑扬顿挫的情感表达不足,致使授课沟通力欠佳,语调平淡无变化及备课不充分依赖于讲稿等都带给学生较差的亲和感,这也指明了教师加强话语感染力的途径和方向。

表5.3 教师话语感染力维度描述性分析图

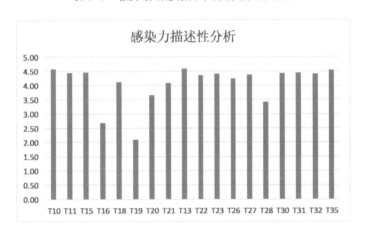

5.1.4 大学生对高校教师话语沟通力大体满意,话语沟通方式有待进一步改善

高校教师话语沟通力维度均值为4.12分。其中,"沟通习惯"平均得分较高,为4.39;"沟通方式"平均得分为3.92,"沟通情境"平均分为4.07。其中,36题"老师对学生要求严格"为2.19分,24题"老师一直站在讲台上或课桌后面上课"为2.79分。教师与学生话语交往的因素中,除了语言因素外,还有诸如肢体、眼神、表情、形象、气质等诸多非语言因素,有的教师忽略与学生的非语言交往,很少到学生中间走动或与学生互动交流,故而影响了话语沟通力的作用。(表5.4)

表 5.4　教师话语沟通力维度描述性分析图

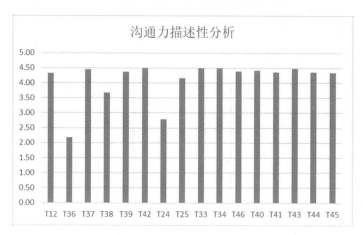

5.2　高校教师话语亲和力不足的表现

5.2.1　话语"多元性"挑战着高校教师话语的权威

融媒体时代多元的话语主体、海量的话语内容以及多维的文化思潮等特性会导致话语语境的复杂化及不可控性，进而易加剧话语冲突，使高校话语权威面临的"消解"风险增加。[①] 这种"消解"具体在三个方面产生影响：一是高校教师话语的说服能力不强。目前高校教师话语仍主要采用理论宣传、思想灌输阐释话语的方式。加之理论话语抽象、枯燥，而阐释高校教师话语的主体对于话语的认知水平不一，难以使话语内化于心。二是高校教师话语的控制力滞后。在融媒体环境下，融媒体平台不断增多，一些负面文化也在融媒体传播平台上传播。若高校信息调控与话语控制能力不足，未及时阻止或恰当引领，即无法及时诠释与引导，这会使高校舆情处于被动状态。三是高校教师话语的引导力亟须强化。社会部分网民尤其是青年群体因各种原因，身心发展并非处于一致的平衡水平，人生观、世界观和价值观还需教育与引领，其辨别是非能力也有待提高。加之高校教师话语的批判力和权威性被急速变革的时代与海量信

① ［美］罗宾·洛克夫著，刘丰海译. 语言的战争［M］. 北京：新华出版社，2002：117.

息冲击，易误入歧途，这些外部因素都将影响或削弱高校教师话语权威性与引领性。

5.2.2　话语"失范性"使高校教师话语遭遇价值认同危机

融媒体时代话语表达呈现的娱乐化倾向、话语内容的碎片性以及话语传播的多样性等自带特性所导致的话语"失范性"①，将在很大程度上使高校教师话语陷入一定的价值认同危机中。话语的"失范性"体现在下述三个方面：一是网络话语和大众话语的表达呈现娱乐化的倾向。一些网络话语是大学生网民以戏谑的方式对某类人或某个事件进行嘲讽，还有一些自发生成并传播一些低俗、夸张及含隐喻的话语。甚至有的娱乐话语在一些融媒体平台上被展开讨论，形成"话题集聚地"。而部分媒体大众为吸引流量在其他平台扩散并再次诠释，舆论短时间内急剧爆发，引起"全民热议"，仿佛形成一个"娱乐舆论广场"。这种"全民舆论"若后果严重，将引发舆论扩散，进而易使大学生网民产生共鸣以及形成对某类事件的僵化看法，引发舆论危机。二是碎片化的话语内容在融媒体上传播，若其他主体再次阐释并再次传播，会滋生社会谣言，高校教师话语与高校舆情甚至会出现"失语"后果。三是一些大众话语背后隐含价值质疑的态度，若经过广泛传播，容易产生群体共鸣，进而使高校教师话语陷入价值认同危机中。

5.2.3　复杂的语境凸显出高校教师话语的转换匮乏

高校教师话语转换过程是话语主体在特定话语语境下，运用特定的话语转换方法，遵循特定的话语转换原则，将高校的教育话语内容转化为学生易于接受的语言与信息的过程。② 融媒体时代话语内容的丰富性以及表达方式的多样性会导致更为复杂的语境，从而使高校教师话语转换的能力不足，具体呈现三个方面：一是面对融媒体环境复杂多样的话语，高校教育工作者在教学过程中，呈现了单一的话语体系，"教育性话语""学科内话语"和"学生之话语"没有得到与时俱进的转变与转换。二是青年大学生的差异性和不均衡性得不到高校教育工作者的足够重视，对于有区别的受教育者仍进行无差别教育。三是高校教育者主体自身的转换能力不足，适应能力欠缺。有些高校教师意识到要

---

① 胡玉宁，薛云云.融媒体传播环境下高校思想政治教育话语权的变迁与形塑 [J].思想教育研究，2017（9）.

② 陈锡喜.马克思主义：意识形态和话语体系 [M].上海：华东师范大学出版社，2011：266.

进行话语转换，但不能将内容与原则有效结合，欠缺话语转换的能力，具体表现为话语主体的从容应对能力、思维反应能力、灵活应变并能灵活处理突发话语危机能力。

5.2.4 师生沟通的不足导致高校教师话语亲和力受到影响

从调查结果可见，部分教师不注重自身素质的提升，上课照本宣科，背诵教材书面语言，自说自话，不注重师生之间的互动和话语沟通，严重削弱了学生的学习兴趣；有的教师教学目标不明确，授课重点不突出，知识点阐释缺乏吸引力；有的教师与学生沟通不充分，不能叫出大部分学生的名字，不经常倾听学生的意见建议；话语表达方式不关照现实，不接地气，阻塞了与学生之间的信息沟通渠道，对学情了解比较匮乏等，都影响了教师话语亲和力。

5.2.5 课程建设情况也是影响高校教师话语亲和力提升的重要因素

问卷调查数据和开放性问题数据表明，目前高校思政课的课程内容科学性、授课（考核）方式合理性也在很大程度上影响话语亲和力的提升。课程内容方面，部分学生认为高校部分课程教材内容简单、大中小学教学内容重复，知识老化、内容枯燥，脱离学生思想实际，影响亲和力。授课方式和考核方法形式方面，部分学生认为部分课程考核形式单一，特别是缺乏过程性考核，最终以考试或课程论文等形式对学生进行考查评价的机制不利于调动学生学习积极性，导致学生敷衍，没有构建起高校教师发挥话语亲和力的时空平台。

5.3 高校教师话语亲和力不足的原因分析

5.3.1 部分教师对亲和力重视不够，认识不足

部分高校教师对亲和力认可度不高，主要表现在：第一，认识上的误区。一些高校教师尤其是大学的公共课教师感觉到自身亲和力的缺乏，课程吸引力不强，但是他们不能找准提升自身亲和力的准确路径，误认为提升教师亲和力就是投其所好，主动和学生套近乎，对学生胃口，完全满足学生的需求。认为

讲学生感兴趣的话题去迎合学生，讲低俗段子去引起学生的共鸣，才能提升亲和力。完全忽视了高校教师的使命，这将是一个严重的错误。第二，对亲和力的重视不够，很多高校教师也意识到自身亲和力不足的问题，但是不少教师会因为科研的压力以及其他任务的分身，使得力不从心。所以出现不少教师敷衍了事，完成教学任务，以科研为重忽视教学工作等现象。实践证明，亲和力不只是先天具有的一种性格品质，更多的需要后天有意识的培养，这就离不开当事人的努力。也就是说只有高校教师能增强亲和力意识，加深对亲和力的认知，提高对亲和力的认可度，有意去培养自身的亲和力，才能提升亲和力。部分高校教师单纯把自身定位为一名专业课教师，是传授专业知识的能手，把全部的重心放在了传道授业之中，对于教学效果和育人实效有所忽视。部分教师没有重视亲和力在教育教学中的作用，或者认为亲和力是一种可有可无的存在，未能把亲和力的提升作为改进自身教学工作和师生关系的突破口，未能把亲和力渗透在教学和与学生的相处中。

5.3.2　部分教师知识能力储备不足

高校教师不仅要具备扎实的专业知识还应该具备渊博的文化知识和相关的教学能力，只有这样才能做好高校教学实践工作。当前，很多高校教师只注重对专业知识的研究，相关知识储备不足，缺乏社会实践经验，课堂教学内容缺乏深度和广度，教学语言和手段单一，以致引起学生的反感和抵触。教师由于自身的知识储备不足，能力尚且不够，面对新的形势、新的情境、新的矛盾不能明确给出合理的解释，或者不敢去过多的解释。面对社会的热点难点问题不能给出富有说服力的答案，不能很好地满足学生的需求，解答学生的困惑，使得学生感觉教师传授的理论空洞而无力。

高校教师的亲和力最大程度表现为教学过程展现的亲和力，而教学过程中除了教学内容的深入透彻，离不开教学语言和教学手段的与时俱进。教学语言和手段是思想政治理论课教师非常重要的"名片"。如何在增加课程趣味性的同时又不失理论的深刻性，用生动活泼、亲和风趣、接地气的话语，先进的、融合时代元素和时代气息的教学手段，来营造良好的课堂氛围，使枯燥的理论课成为一门有趣味、有特色的课程。然而实证调查中发现不少高校教师教学语言过于官方化，政治化，不能引起学生的共鸣。教学手段单一，即使运用多媒体也是简单的书本文字的展示，缺乏新意。教师讲授为主，学生缺乏主动性，师生互动机会少，这些都影响话语亲和力。此外，部分高校教师不想在教学上下功夫，一个PPT打天下，教学内容更新不及时，教学缺乏针对性，没有准确把握学生的思想实际，了解学生的困惑，使得课程话语吸引力欠缺、匮乏。

5.3.3 师生互动沟通不足

问卷调查分析结果显示，包括沟通方式、沟通情境、沟通习惯三个维度的"沟通力"是影响高校教师话语亲和力的最显著因素之一，而从调查结果来看，目前师生沟通还明显不足。而调查结果显示，当前高校教师与学生之间的交流主要是在课堂上，在课下进行的师生交流非常有限，教师参加学生的活动或是在网络上的互动交流还远没有达到学生的期待。课堂上的交流更多的是侧重于教学或学术研讨，只有课下的师生互动才更能加深彼此之间的了解，创设和谐的师生关系。课下交流的匮乏直接影响教师与学生之间的关系和亲密程度。王序荪在其著作中写道："一般来说，交往的次数越多，相互了解也越多，共同语言和感受越多，人际吸引力越大。……"

5.3.4 高校忽视对师生亲和力的考核

目前，对教师工作的考核和评价机制在大部分高校已经建立起来，但是从总体情况来看，这些评价和考核体系并不是很完善，存在着非科学化、非制度化和非规范化的问题，制约着高校教师话语亲和力的展现。主要表现在以下三个方面：第一，考核内容的偏向化。"考评制度应该是对教师起促进发展作用的一种制度，理应包含教师的教学能力、学术能力、个人发展情况、组织关系等。而目前大部分高校的考评制度是围绕学术水平和教学能力两个方面进行"① 对教师工作考核侧重于对教学任务完成情况、科研成果等，缺乏对教师责任心、道德素质等亲和力层面的考核。考核机制在一定程度上能起到一个监督和督促的作用，考核的片面性与缺位本身就影响了教师话语亲和力的重视和塑造。第二，考核方式的片面性。对教师考核采取的方法有很多种，高校教师除了教学工作的考评可以具体量化，在立德树人方面的很多工作都具有长期性、隐藏性等特点，不容易用量化的指标去测评和估量，所以考核的结果往往就具有片面性和不准确性。第三，重要的利益相关方的缺位。高校教师面对的对象主要是高校的大学生，大学生对教师的评价和考核有最大的发言权，而很多高校的评价机制却忽视了这一点。在实际的考核中，高校教师为了考核合格，必须按学校的考核要求来要求自己，这样无疑影响了教师话语亲和力的展现。

---

① 胡小桃．从高校教师发展状况看我国教师考评制度存在的问题 [J]. 黑龙江高教研究，2014 (11).

第六章　高校教师话语亲和力提升方略

6.1 高校教师话语亲和力提升的原则

6.1.1 坚持尊重学生话语主体性的原则

高校教师话语创新必须要突出学生的主体地位。突出学生的主体地位，首先要理解并认同青年学生的网络自主话语权，允许青年学生把不同的思想表达出来。如微博的评论、贴吧的讨论、弹幕网站的语言等，都是青年学生真实思想的流露，他们选择自己喜欢的、不喜欢的话题，自由地发表自己的想法。如果我们简单地压制青年学生的网络自主话语权将会堵塞他们自由表达思想的渴望，违背思想政治教育的初衷；同时，也更加深刻地了解到青年大学生思想深处的动态，了解到他们的真实想法，这更有利于教学效果的提升。

6.1.2 话语表达注重话语亲和力的原则

新时代高校教师话语创新要密切联系大学生的生活实际，从大学生生活中寻找创新的源泉。于丹曾经说过，大众要求你永远生活在他们生活的语境之内，能够完成一种心灵的唤醒，而不是一个学理体系的灌输。高校教师提高话语亲和力，就是要走进大学生的"生活世界"，了解他们真正的思想实际。高校教师首先必须培养自己参与大学网络化生活的意识，主动融入网络生活，体验学生在网络空间的交往、学习、娱乐方式以及他们思想、心理以及行为的发展变化，真正做到与学生在同一个环境下交流；话语内容要贴近现实生活，用接地气的、具有亲和力的话语代替空洞的、正确的"废话"。

6.1.3 话语表达方式兼容并包的原则

高校教师话语表达要注重开放性。首先，高校教师要善于把握时代脉搏，了解当今大学生的审美时尚，分析他们的观赏心理，采用大学生常用的话语修辞手法，采撷和创造出更多表现时代和事物特征的新鲜话语，实现教学话语的再创造。要密切关注网络文化的发展变化，"要从网络话语中汲取新话语，要大胆借鉴网络中的一些健康、有益、良性的话语，借鉴一些符合大学生群体的话语形式和话语内容，从而丰富高校思想政治教育话语的内容。"其次，高校教师要具有全球性视野，立足于全人类的立场，树立全球意识，增强人们对全人类的道德关怀和共同责任。融入国际社会、成为全球公民、学会共同生活是全球化、网络化的现实语境对大学教育的新要求。

6.2 提高教师核心素养

教师是增强话语亲和力的关键因素。提高教师的核心素养，同时综合分析高校教育对象和教育环境的现实情况，变革话语传播的方式与内容，高校教师的话语亲和力才能不断提升，促使大学生能够"晓之以理"进而"悟之以行"，使高等教育更具针对性、有效性。

6.2.1 提高高校教师的价值引导能力

实证研究结果说明，教师授课时反映出的对我国社会主义制度的认同程度、对马克思主义理论的深刻把握和透彻理解程度、对中华民族历史文化的认知和情感以及关注学生思想问题程度等教师授课价值导向性因素是高校教师话语亲和力的显著影响因素。高校教师在复杂多变的外部环境和纷繁复杂的意识形态领域斗争中毫不动摇地坚持科学立场，坚定社会主义核心价值观，善于甄别形形色色的错误思潮，旗帜鲜明地同错误思想做斗争，不断增强价值引导能力，引导学生明辨是非，形成正确的世界观、人生观和价值观，形成高尚的道德情操和坚定的理想信念。

高校教师的价值引导能力提升来源于自身对科学理论的深层把握，只有用真理力量和逻辑力量才能更好地做好学生的引路人。只有教师在教学中做到真懂，真信，具备扎实的专业理论功底，较高的学术研究水平和较强的理论阐释分析能力，夯实理论之基，做到以理服人。如何才能以理服人？一方面，高校教师要不断汲取学理养分，研究悟透科学理论体系，把系统掌握专业基本理论作为自己的看家本领，充分展现科学理论的逻辑魅力；不断汲取中华民族几千年来形成的博大精深的优秀传统文化；不断吸收我们党带领人民在革命、建设、改革过程中锻造的先进文化，这些都为教师提供了理论的深厚力量。另一方面，高校教师要不断增强教育教学和研究阐释能力。高校教师要加强科学研究，提高自身课程教学能力、学术研究能力和理论引导能力，在新时代面临的新情况新挑战下才能理直气壮、深入透彻地讲理论，才能清晰有力地回应重大现实问题。

6.2.2　更新高校教师的话语表达理念

在高校教学过程中，大学教师作为课堂主导，主要向学习主体即大学生进行科学理论的传播。然而在传统的教育中，一些高校教师由于自身专业能力不足，对课堂话语功能的认识有失偏颇，将自己作为纯粹的说教者，不能直面学生价值观形成过程中所面临的理想与现实脱离的问题。因而，高校教师应该明确认识到高校教师话语对受教育者思想具有引领作用，在教育教学活动中，掌握话语先机，将高校教育话语与学生的具体问题相结合，引导学生能够在面临复杂情境下进行价值判断与理性思考，破解价值认同危机，使高校教育功能能够充分发挥。

高校教师的教学话语必须具有亲和力，才能把科学的理论有效地传递到大学生头脑，提高大学生对理论的吸收率，避免教学内容和实际教学效果出现"两张皮"的形象。现实中，一部分教师没有很好地把课程理论内容转化为合适的课堂教学语言，没有把基本理论与鲜活的实际相结合，特别是大学生的认知与思想实际相联系，给学生留下枯燥无趣的古板印象。因此，高校必须不断提高教师的话语表达能力，切实增强教学内容的生动性、鲜活性和感染力。针对不同教育对象、教学内容和教学环境，综合运用陈述性语言、描述性语言、批判性语言、抒情性语言、感召性语言、幽默性语言等，引导大学生树立科学的理想信念，掌握专业的知识体系，学会正确的思维方法。

6.2.3　提高高校教师的人格魅力和共情能力

问卷调查结果显示任课教师个人素质是高校教师话语亲和力的显著影响因

素。高校教师应具备较高的综合素质，包括较高的道德修养、较强的教学能力、爱岗敬业的责任感，风趣幽默、富有激情、乐观向上充满正能量等，这是提升教学效果的关键因素。情感是教育者和教育对象达到心理共鸣的中介，情感对人的行为有着重要影响。高校教师不是播音员，要把家国情怀，把心里对党的热爱、对祖国的感情融入授课过程中，通过与学生的情感交流促进心灵的沟通，达到与学生的共情，打造有温度的课堂。

还要提高高校教师的共情能力，增强师生互动情感性。互联网的发展改变了以往的单向传播方式，使得在虚拟的环境中大学生们可以自主选择或主动接受信息内容。虽然高校教育话语在公共的虚拟空间得到交流和交往的自由度提升，但也容易出现话语虚化现象。理论是建立于现实之上，基于实践总结而来的，要提高高校教育话语的时效性，就要在多元媒介的开放空间中，面向现实，以学生为本，在平等的话语交往氛围中坦诚互动，并以话语的情感性感召学生的主体性。互联网的多样态、交往的互动性与信息传递的快捷性，极大地延伸和拓展了高校教育话语的传播途径。微信、QQ、抖音等平台的出现，使得高校教师话语传播平台多元化，通过互动在线教学模式，人们可以在其中进行即时的交流与讨论。但互联网所营造的虚拟环境的丰富多彩，与现实环境中的课堂话语的平淡乏味相比，虚拟与真实的边界模糊，给学生思想和价值观造成了一定的冲击。随着信息化技术的发展，虚拟的环境也使得教育者与教育对象之间的关系发生变化，以往掌握知识绝对权威的教师，作为课堂的主导者在单向的教育关系开始往交互的方向发展时，教师传统的"灌输"为主导的教学形式必将受到质疑，在师生交往的过程中很难用理论感化高校学生的思想。因而，基于互联网的发展，高校教师话语应把握好虚拟与现实之间的度，在充分利用虚拟环境所获得的人际交往距离缩短、人格展现自由呈现的基础上，提高现实的指向性，即将话语与当下时政热点、社会焦点相结合，打造独特的教育话语内容，使教育对象更易接受。

互联网时代，学生接触新媒体的时间较多，对于新技术的学习速度较快，思维较为灵活，不再习惯传统的从理论知识的概念到概念之间的关系的学习，与只专注于教科书的"灌输式""讲解式"教学相比，他们更倾向于轻松活泼、内容丰富、多元对话的交流方式。在这一过程中，情感性强的话语交流更是高校教育话语的理想语境。"以情育人"，贴近学生的实际，注重学生内心的情感需要，寻求高校教师话语与学生之间的共同点和契合点，营造一种和谐温馨的话语交流氛围，以弥补在虚拟世界中的情感缺失，在现实中增强与学生的情感交流与实际需求，从而提升高校教师话语的好感度和认同感。

6.2.4 提高高校教师的话语运用能力

讲授的知识要以一定的科学体系表现出来，具有较强的科学性和学理性。这就要求高校教师必须具备扎实的理论功底、较高的学术研究水平和较强的理论阐释能力，做到以理服人，以情动人。因此，高校思想教师要不断汲取科学的、发展的和变化的学理养分，用彻底的理论来阐释教育教学案例，用严密的逻辑魅力来说服大学生，不断增强他们的理论运用能力，提高他们的理论解释能力，锤炼他们的理论引导能力，这样教师才能理直气壮地讲好课。要增强高校教师话语亲和力首要要提高其话语运用能力，要注意以下两点：

一是，加强学习传播学相关知识以增强话语运用能力。互联网时代，人人都是信息的传播者，人人都需要系统学习传播学知识。传播研究（Communication Studies）是人类对传播现象和问题的探索和思考。传播理论（Communication Theory）是对传播现象和问题的系统解释和集中探索组成的体系。传播学的学科特点是跨越心理学、社会学、政治学、语言学等各类学科，以综合的视角来观察一切类型的人类传播活动，打通了人际传播和大众传播的壁垒，重视传播效果和受众理念。传播学从宏观角度介绍传播学的基本概念、基本问题和研究方法等内容；介绍了人类传播活动的基本类型与基本特征；把大众传播的传播类型系统地分析介绍，阐释传播学研究的核心思想与经典成果。了解和掌握传播的历史与功能、过程与符号、代码与途径等内容；传播的媒介、渠道和影响；媒介的结构、功能、经营和知识产业；传播者、受传者和把关人；媒介的社会控制和影响、媒介在儿童成长和成人社会化进程中发挥的重要作用；以及信息革命等内容对思想政治教育工作者来说大有裨益。传播学中的"守门人"概念，指的是在大众传媒过程中能决定什么性质的信息可以被传播、传播的信息量为多少以及以怎样的方式方法来传播的机构和人。守门人有三重角色，分别是：接受者、守门者和传播者。作为高校教师，更需要我们有过硬的传播学专业知识作理论支撑，做好高等教育的守门人，清楚什么能传播、什么不能传播、怎样更好地利用互联网推进教育过程等。二是，增强话语的批评能力。高校课堂话语面临着复杂情景，既有内生的当代社会转型带来的各种社会思潮的冲击，又有外在的普世价值的挑战。在此种情境下，高校教师话语应坚定科学立场，掌握话语主动权，及时、有效地对虚假和伪善的异端思想意识形态给予批判，更好地彰显高校教育话语的真理性与科学性，提高其信息分辨能力与问题的解决能力。

6.2.5　提升高校教师媒介素养

为了发挥高校教师话语对学生思想的引领作用，规范学生的思想行为，高校教师必须提高新媒体的驾驭能力，在接收网络用语和热词的同时，透过现象看其本质，才能在共同的新媒体背景下脱颖而出，掌握话语主动权，将高校教育话语的精髓进行适合互联网时代的整理和提炼，对大学生进行思想引领。

媒介素养教育是"指导人们正确理解、建设性地享用大众媒介资源的教育，以培养并使人们具备媒介素养为核心，旨在培养人们具备健康的媒介批评能力、正确使用和有效利用媒介的能力，使人们能够充分利用媒介资源完善自我和参与社会发展。"它力图帮助现代人在传媒信息包围下保持自己的主体意识并坚持独立思考，是信息化时代教育的新内容。提升教师的媒介素养，其任务就是增加教师媒介素养的相关知识，培养他们有效地利用媒介发展自我，清楚传媒制作、发布信息的流程，使其成为合格的媒介使用者、成熟的内容生产者和传播者。

6.3　优化课堂话语内容

6.3.1　加强对教学内容的研究和转化

内容为王，形式服务于内容。提升教师话语亲和力，首先要加深对内容的理解，掌握内容的深刻性、科学性与系统性，因而教师首先要加强对内容的研究。卡尔·雅斯贝尔斯在《大学之理念》一文中强调"科研和教学的结合是大学至高无上而不可替代的基本原则"[1]。高校教师的科学研究必须要围绕教学内容，在大量阅读和占有丰富资料的基础之上，经过深入的分析和思考，不仅使教师对专业知识有了融会贯通的理解，更能加深教学内容的深度和系统性。要研究如何将理论知识与社会实际相结合，并在实践的基础上丰富和发展理论，更要研究如何将具有很强专业性的理论化为生活化的语言，深入浅出地传递到学生的头脑。

---

[1]　卡尔.雅斯贝尔斯著，邱立波译. 大学之理念［M］. 上海：上海人民出版社，2007：73.

还要以教材为依据结合新时代特征加深对理论知识的研究。教材是教师教学的根据，也是学生学习的基础，虽说教材具有科学性、权威性和准确性，但是一般教材在生动性、可读性方面依然存在不足。对于高校教师来说，拘泥于教材体系很难吸引学生，更无法展现教师的话语亲和力。所以要结合时代特征，以问题为导向，认真研读基础理论，运用理论来解释社会热点和难点问题，真正做到融会贯通。坚持"因事而化"，把教学内容与学生实际关系的问题对接，真正解决学生的困惑，满足学生的需求；坚持"因时而进""因势而新"反映时代心声和时代特征，与时俱进不断更新教学内容。

6.3.2　拓展高校教师话语资源

高校教师话语有着深厚的基础根源，它来自于中华民族、中华优秀传统文化的历史长期积淀，来自于科学理论与实践。新时代，多元的媒体网络环境将会带来丰富的话语资源，拓展话语内涵与形式，汲实践国传统文化中的优秀话语资源，汲取中国特色社会主义理论体系话语，汲取当下流行的、积极向上的话语元素，借鉴网络空间健康向上的网络话语等，才能更好地发挥教育的功能。

首先，汲取中国传统文化中的优秀话语资源。中华优秀传统文化承载着中华民族的精神和智慧，蕴含着丰富的人文精神和价值标准，具有丰富性、民族性、独特性与生动性。中华传统文化内涵丰富、包罗万象，其中的优秀文化是对固有传统文化的去粗取精、去伪存真，体现着中华民族独有的世界观、价值观和审美观。将民族文化精髓内化到高校理论教学中，将其体现的历史、文化和艺术价值融入教材体系中，教材语言多些生动活泼，少些文件式的理论铺叙，切实从新时代大学生的实际需求出发，不仅可以使理论充满文化性、艺术性和民族性，而且还能增强大学生的民族认同和国家认同。注意将传统文化中的优秀话语资源与融媒体充分融合，利用多元化的传播渠道，如利用短视频、动画、VR、人工智能、微博、直播、云媒体和纸质媒体等，拉近高校教育与传统文化的距离，提高高校教学的效果。

其次，挖掘新时代鲜活素材。随着时代的进步，许多新范畴、新观念、新理论应运而生。高校教师要注意及时筛选出适合大学生认知水平的内容，用紧随时代的鲜活话语不断补充更新话语表达，要立足我国国情，秉承实事求是的精神来进行教育教学。创新话语表达内容，增强时代性和吸引力，需要立足新时代的伟大实践，挖掘新时代鲜活素材。当代中国正在经历着百年未有之大变局，这一大变局中多元思想互相碰撞，高校教师必须把控这一局面，审时度势，保持高度敏锐性，不断从变化发展着的社会实践中汲取、吸收和整理出新的适应社会发展的话语资源，形成有中国特色的话语表达内容，使新时代高校话语表达能发出时代最强音，给予话语表达内容以鲜活的时代性。一方面，要从时代的发展中汲取新鲜词源提升话语表达内容时代性。因为时代是话语创新的土壤，新时代定会衍生出符合时代特征的新词句，如"加满油，把稳舵，鼓足劲""实现中华民族伟大复兴，是一场接力跑""在中国人民手中，不可能成为可能"，这些新鲜词句刻画着新的时代特征。①高校教师在话语表达上要不断挖掘新时代的鲜活素材，使话语表达内容彰显时代性，用体现新时代特点的新话语唤起学生的兴趣，提升话语表达的实效性。应以学生需求和个性特征为抓手，以问题为导向，在进行话语表达内容设计时，要贴近学生生活、学生专业背景和社会关注点，将最新的政策方针、时事新闻、知识观点囊括入内，以专业特征、典型案例为导入，挖掘新时代鲜活素材，关注当代大学生认知特点，创新话语表达内容的时代性和针对性，才能切实提高教育效果。

再次，充分利用网络语言。网络语言成为高校教师话语的重要来源。网络语言，是指与网络有关和在互联网上流通的语言，有广义和狭义之分。广义的网络语言可以分为三类：一是和网络有关的专业术语，如信息技术（IT）、电子商务（e-commerce）、URL、WAP、POP 协议等；二是与网络有关的特别用语，如网吧、网民、黑客等；三是网民在聊天、博客、网络日记等领域广为传播和使用的常用词语，如青蛙、恐龙、菜鸟、886 等。狭义的网络语言仅指第三类。青年一代凭借其在技术与心理上的优势，在网络语言的制造、使用和传播中，始终处于引领地位。网络语言主要有以下几种类型：第一，符号图形型。由于网络交流不是面对面的交流，单纯的文字表达无法传递丰富的表情和态势，网民们便利用字母、标点、数字和其他特殊符号组合创造了一系列具有感情意义和形象色彩的符号图形。美国卡内基·梅隆大学教授斯科特·法尔曼于 1982 年首次使用，后来传遍全世界，达到国际通用的程度。符号图形型包括键盘符合组合如"：）"（高兴）、"：（"（悲伤）、"Zzzz……"（睡觉）等；盘符数字组合如"^0^"（惊讶）、"⊙0⊙"（目瞪口呆）等；盘符字母组合如"：-P"（吐舌头）、"-X"（闭嘴不说）等；还有动画图形，如开怀大笑、偷笑、吐舌笑等，握手、竖大拇指等，一般在聊天工具窗口下有专门的动画图形库。第二，谐音替代型。网络语言大量利用谐音来表情达意，比原词更加形象

① 王念念，朱浩. 新时代高校思想政治理论课话语表达创新探析 [J]. 湖北经济学院学报（人文社会科学版），2021（4）.

生动、俏皮亲切，主要有汉字谐音、数字谐音等类型。以汉字谐音出现的网络语言比比皆是，有些来自方言，也有快速聊天时输入错误广泛流传的，如用"灰常"代替"非常"，"偶"代替"我"，用"银"代替"人"，"稀饭"代替"喜欢"等，"斑竹"代替"版主"等；数字谐音型是网民用他们的想象力给抽象的数字赋予新的涵义，如用"5201314"代替"我爱你一生一世"，用"7456"表示"气死我了"。第三，词语缩略型。为了提高网络交往的效率，网民们喜欢将英语或汉语进行缩略，代替原词。英文缩略语如"BBS"是"bulletin board system"的缩略，"DIY"是"Do it yourself"的缩略；汉语缩略语如 MM、GG、LG、RMB 分别指妹妹、哥哥、老公、人民币；还有英语、汉语和数字的混合等，如"3KU"、"够 in"等。第四，词语派生型。网络词汇中很大一部分是现代汉语中原有词汇派生而成的，旧词被网民们赋予了新的涵义，并与原义有一定的关联，在网络中广泛使用。网络中旧词派生新义的方式主要有比喻派生、引申派生等。如"恐龙"，原指一种灭绝了的动物，在网上比喻丑女；"粉丝"由原来的一种食物演变成某明星的追捧者；"灌水"由向容器中注水引申为成在网上发布内容空洞、水分含量高的帖子等。第五，生造词语型。网络词汇中还有一部分是青年网民自创的词汇，如网上流行的由网友自创的拼凑文字——火星文。乍看如同乱码，如"99，3q ㄋ 姑力 i 读猪，偶会+U ㄌ！"（舅舅，谢谢你鼓励我读书，我会加油的！）。青年在 QQ 空间、论坛内大量使用"火星文"作为个性签名、备注及聊天字体，甚至还有网友制作出"火星文输入法"，是一款新新人类 QQ 聊天的必备工具。如果没有翻译，年长一代完全不知所云。

　　网络语言的自身特点符合青年网民的审美要求，深受网民喜爱。以数字、字母、符号等形式出现的网络语言具有形象性与简洁性并重的特点：网络语言通过简略的字词组合代替烦琐的句子，通过数字的谐音来表达一定的情感，通过会意的字词来表示特定的含义，这些简化了的语言不仅明快易懂，更使得原先的语言变得更加形象生动，让原本冰冷的虚拟世界充满了生机和活力，深得网友的喜爱。如用"BS"代替"鄙视"，非常简明；"886"代替"再见"，更为活泼。网络语言还具有潮流性与批判性共生的特征。网络作为不同于报刊、广播、电视等传播媒介的"第四媒介"，不仅覆盖全球，还提供了涉及社会各方面的多维立体传播，这就决定了网络语言始终与世界最新的潮流保持一致性，更能够在不断变化的潮流中及时更新。此外，青年的心理特征和特点决定其对网络语言的热衷。青年正处于青春叛逆期，有激情，爱时尚，追求新奇的情绪和个性化表达需求显著，他们最少保守思想，渴望与众不同。而传统语汇让他们感觉压抑、俗套，网络语言的创造，是青年群体更新传统话语体系的一个重要体现。

网络语言的出现和流行，进一步凸现了两代人之间的意识行为差异；但网络语言的快速发展已经成为一种客观趋势，教育主体如果不接纳甚至是抵制网络流行文化，不仅不能理解网络文化，还会加深两辈人之间的隔阂。高校教师对网络语言的认知接纳，拉近了两代人的心理距离，缓解了两代人的交际隔阂，更加贴近年轻一代的内心世界，产生前所未有的共鸣。

最后，合理吸收弹幕语言。弹幕（barrage），原指由于火炮、子弹密集而形成的枪林弹雨的"幕布"，后引申为视频画面上的大量评论从屏幕飘过形成的像枪林弹雨一样的密集效果，弹幕语言就是在弹幕视频上使用的评论语言，指可以在原视频上用字幕形式直接评论的语言，随着视频时间轴的前进，评论不断在屏幕上出现，但是分布不均匀。弹幕视频网站经过十年的发展，已经形成了一批使用频率高、影响范围大、具有代表性的弹幕语言，可划分为一下几种类型：

1. 从构成元素的角度可分为数字类、汉字类、字母类、符号类等。

①数字类：666（很溜，很好），233（大笑）……

②字母类：BGM（Background Music），duang，Yoo……

③符号类：←（表示针对左边弹幕所发），√（成功做到）……

2. 从操作角度可以分为系统类、操作者和互动类等。

①系统类：挂挡，清屏……

②操作者：头像神同步，UP主，补丁……

③互动类：前面说××的别走，××放学别走，出大招……

3. 从语言内容的角度可分为观看习惯类、观看体验类等不同的类型。

①打卡型：火钳刘明，存活确认，空降成功，点我进入正片，前排承包……

②预警类：前方高能，告诉大家一个鬼故事，进度条君快撑不住了……

③视频质量型：UP主，房卡，画质感人……

④吐槽型：搞事情，小学生，脑子是个好东西可惜你没有，灵魂歌手……

⑤愉悦型：2333333，hhhhhh，么么哒……

⑥崇拜型：舔屏，怒砸，请收下我的膝盖，跪了，神弹幕，厉害了我的哥……

外形上，弹幕具有动态化和视觉化强的特点：由于弹幕语言是在视频播放的同时在屏幕上快速滑过，太过冗长的评论信息不仅传达率低，还容易遮挡观众的视线，因此，必须用最精练的语言符号达到表达思想、吸引眼球的作用，因而弹幕语言中有大部分是形意结合、以形表意的话语，简洁、精炼；且其文字形状和颜色都可以加以设计和创造，具有视觉化强的特点。语义特征上，呈现出夸张化、极端化、重口化的特点。表意特征上，弹幕语言在表意时与当前视频内容和观众的互动关联度高，内容上凸显具体细节，形式上仪式感强。

弹幕语言的恰当使用有助于提高教育教学效果。第一，弹幕语言迎合了大学生的心理需求，恰当地使用有助于提高教学话语的生动性，增强话语的感染力。青年大学生是弹幕的主要使用群体，把弹幕作为观看视频互动交流的必备工具，有其深层次心理动因：是青年大学生寻求归属感，缓解心理压力的需要，也是大学生猎奇求变的心理需要。第二，弹幕语言具有群体传播的典型特征，有助于了解教育对象的潜动性，提高教育的针对性。弹幕现象是群体传播的一种典型形态，每一条弹幕语言都渗透着发布者的世界观、人生观和价值观，群体成员间互动和交流频度高，群体感情和群体归属意识更稳固，形成一种即时的群体意识，对个人的趋同认知有重要作用。第三，弹幕语言能最大限度地贴近教育对象的内心，了解教育对象的潜动性，即思想最深处的状态和内心无意识的驱动力量，这对于高校教师因材施教，提高教育的针对性大有裨益。第四，弹幕语言有助于增强教学话语的互动性，提高教学的吸引力。匿名发送弹幕的方式在很大程度上缓解了传统面对面教学时学生举手提问可能产生的尴尬心理，从而更有效地激发学生思考，让更多学生拥有"发言"的机会。弹幕语言极大地丰富了高校教师话语资源，也有利于高校教师话语亲和力的提升。

6.4　改进话语表达方式

6.4.1　转换教材话语，增强话语生动性。

教材话语是新时代高校话语形式的重要组成部分，也是学生接受教育的重要渠道，必须要根据具体实践而不断充实完善。现在，国家大力推行"马工程"重点教材，这些教学是具有权威性、科学性的话语形式，教师要尽快掌握其话语精髓，根据课程特色和学生特征，将其科学地融入高校课程的教案和课件中，并通过开展集体备课等措施加强对教材的整体把握，不断加深对教材的理解运用。此外，教材话语往往是理论性、抽象性的政治话语和学术话语，教育者必须将其转化为更易被学生理解的生活话语、交心话语，对新时代的新成就、新矛盾、新使命、新思想、新方略、新征程、新政策做出正确阐释和生动诠释，让学生听得习惯、听得懂、听得入耳，进而增强对课程的认同度。

6.4.2 运用新兴载体，创新表达方式。

要充分挖掘新媒体载体，利用好传统媒体，做好媒介融合。第一，开拓网络载体，实现话语表达的立体化可视化。网络媒体在新时代的作用显而易见，不容小觑。新时代大学生"无人不网""无日不网"，而网络媒体话语恰恰具有不受时空影响，随时随地传播知识的特殊优势。高校教师应抓住这一特点，积极开拓人民网、学习强国、抖音等大学生日常接触并喜爱的网络软件，以视频、图片等可视化形式"发声"，突破单一的文字呈现方式。第二，传播是社会的工具，没有传播，就不会有社区，同样离开了社区，也不存在传播，人类传播的特定特性是人类有别于其他动物社会的主要区别。我们需要通过学习传播学理论理解媒介，探究新媒体的传播特点及传播效果，从整体上分析如何利用新媒体更好地推进教育教学进。

话语转换要注意以学生为本，正视融媒体的传播力。高校教育话语目标的实现，离不开主体的自觉内化，因而，话语的转换，其主要内容在于观照学生的现实需求，拓宽其利益表达和情感表达的渠道，将理论创新成果以学生能接受和通俗易懂的教学话语，走进学生的课堂，滋润学生的心灵，在这一过程中，增强话语的传播表达力度。要充分认识到，海量的信息在带给学生思想冲击的同时，也带来了积极的影响，能够激发学生智慧。因而，要正视融媒体的传播力，从学生的角度出发，提高话语艺术来实现话语转换，做到言之有物、言之有理、言之有情，进行理性沟通与平等对话来实现话语的转换，利用融媒体创建的载体，在减少信息传播屏障的同时，提升话语传播的辐射力。

6.4.3 借鉴优秀话语表达，创新表达风格

高校教师要善于用有趣的、鲜活的话语来阐释专业理论，把干涩生硬的话语用柔性话语来表达，使科学理论更易入耳入心，从而有效吸引学生的注意力，让学生先做到感兴趣、愿意听，继而做到听得懂、学得透。优秀的话语表达不仅体现出高超的语言艺术，而且还凸显出独具特色的表达风格，善用"大

白话""家常话"来阐述深刻的理论，既"接地气"而又妙趣横生，很容易唤起听众的情感共鸣。教师要注意从听众的思想需求、文化背景、历史基础等，通过使用简洁凝练，风趣幽默，有理有据的话语表达，将崇高而通透的理论方针融入家喻户晓的典故中去，使听众能够聚精会神又能用心领会，使讲话具有很强的感染力。力争做到表达风格生动、形象，但又不失严肃、认真，讲话有内涵、有底蕴、有力量、有温度，提高话语的感染力，既要简洁凝练，有理有据，又要根据学生生活中所喜闻乐见的活泼生动、声情并茂的言语来传达，让更多的学生能够参与到课堂上来、感染课堂氛围、获取到学业智慧，以增强话语表达的温度和感染力。

6.4.4　优化话语的传播系统

高校教师话语体系从产生到被接受形成一个系统，有独特的运行过程和模式，这一系统顺利运行离不开各个环节相互配合，传播系统所能取得什么样的效果，将直接影响整个话语体系在日常教育中的实际效果。

首先，创新话语传播的中介。话语传播中介是交流过程中使用的各种用于沟通话语内容的工具、渠道以及技术手段等。在话语内容的传播途径中，需要找到一种传播中介将教育者与教育对象连接起来，实现话语内容在时间、空间上的转移。传播中介的发展变化以及在传播过程中所出现的状况能够与话语在实施教育的过程中能够取得什么样的效果有直接的关系。由于时代的快速发展，传统的高校教师话语传播方法实施效果不佳，常被大学生看作枯燥的、无用的知识，受教育者接受度不高，而融媒体时代可以为话语增添更富生动的话语形式，被受教育者所接受。除了面对面授课之外，可以将社会媒体作为一种传播的手段，利用报纸、互联网、电视、广播、云媒体等手段向高校大学生进行话语传播。在沿用原有传播中介的基础上，充分利用网络开放的特性，挖掘互联网信息丰富话语内容，把高校话语内容渗透到网络媒介之中。

其次，更加灵活地实现话语转换。传播过程中不同话语的转换，遵循一定的计划，转换成为有价值的、可以被学生所能接受的话语内容，按照特定的步骤使高校教师话语在不同的传播过程中灵活转换。第一，对各个传播中介的话语内容进行分析、整理、概括、归纳与总结，形成有条理的话语内容体系；第二，从对高校大学生进行教育引导的角度出发，把已形成的话语内容体系进行整合，有所取舍，采用不同的承载话语，引入新鲜、多样的话语形式；第三，将整合后的话语体系与新引入的内容、形式融合在一起，实现话语的高效转换，能够被受教育者更容易的吸收理解。如何把话语内容采用合理的形式让受教育者接受，是高校教师话语灵活转换的重难点。面对高校中不同的学生群体、不同方式的传播平台，高校话语传播过程中需要将不同的话语形式结合起来，如有声方式与体态方式、教材与大众话语、理论性与艺术性相结合等，根据不同的需要适时的实现话语转换。在学校的课堂教学与课外活动中，学生与老师的交流主要依靠文本话语与实践话语进行。实践话语内容通过声音和肢体语言传播给受教育者。高校教师在教育过程中传播社会主流意识形态需要有声语言与体态语言的结合使语义表达清晰明了，提升受教育者接受力。话语的传播不可忽视传播过程中语言艺术与语言技巧的作用。高校教师在新词汇不断涌现的情况下，应巧妙结合新语言，与语言艺术相结合，采取一定的语言技巧，使其在传播过程中锤炼出富有表现力的语言。

最后，形成有效的话语效果反馈。高校话语传播过程中，教育传授者与受众之间需要有效的话语效果反馈平台。传统的话语传播系统，大多采用的是单向线性灌输传播模式，忽视了话语接收者的能动作用。如果把高校中话语的传播看作是教师的单独行动，这不利于话语教授者进行调整话语内容，从而会削弱话语体系在高校教学中的效果。效果反馈是整个话语体系传播系统中至关重要的环节。通过对高校教师话语传播效果的深入分析，可以加深对话语传播系统各个环节的认识，也可以为各运行环节的实施进行指导和完善。我们应该认识到话语传播过程中反馈所起到的重要作用，应将其始终贯穿于传播全过程，这对提高话语传播效果至关重要。高校教师通过广泛收集反馈环节所传递来的各种信息，进而对话语的传播内容与传播环节进行相应的调整，再对反馈信息处理之后，增添或删除实际传传播过程之中与反馈结果不相符的部分，从而提高实际的传播效果。话语的传播系统不应当是单向的内容传播过程，而是双向的互动过程，需要一个有实际效果且可以适时调节的反馈环节来完成学校老师与学生之间的沟通。只有在话语传播系统中形成有效反馈，将大学生对教师话语的看法及时反馈给话语的传播者，使其能够及时有效的接收到话语受众的信息，进而调整话语传播内容、传播方式、传播手段，才能达到话语传播的目的。

6.5　锻造话语表达情境

6.5.1　建立平等、民主、和谐的师生关系

　　师生关系是教育过程中最基本和最重要的关系，是教师和学生在教学过程以及教学之后形成的一种人际关系。教师的亲和力是一把心灵的钥匙，这把钥匙能让学生放下心里的芥蒂，敞开心扉。我们倡导师生之间建立平等、民主、和谐的师生关系是对教师话语亲和力提升的有力保障。平等民主和谐的师生关系要以学生为主体，教师实现角色的转换，在教学中教师要坚持"宽容、激励、欣赏"的原则。鼓励学生以严谨的、科学的态度对本学科所涉及的理论问题和现实问题进行深入的研究和思考；为学生提供更多展现自我的机会，善于发现他们的优点，并及时给予鼓励和赏识教育。另外，他们在课堂上表现出的幼稚的思维和想法教师要给予引导而非批评。在课堂下教师要坚持"主动、关怀、有爱"的原则。主动把自己的联系方式告诉学生以方便相互之间的联系，主动关心学生的日常生活状态和心理思想状态，主动与学生交流加强相互之间的了解；关怀学生的学习和生活状态，关怀学生的思想困惑；对学生要有仁爱之心，教师要给予学生平等的尊重，对学生真正的理解与包容，不能以伤害学生的自尊为代价。有了爱心，教师就会变权威者为学生的良师益友，放下居高临下的姿态，亲近学生。

6.5.2　加强高校教师话语表达的针对性

　　调查发现，当前一些高校教师没有注重教学话语的针对性，存在着照本宣科、千人一面、泛泛而谈的问题，导致教学流于表面，不能深入人心。提高高校教学有效性的重要因素是要做到因材施教、有的放矢。高校教师在教学中要做到以下几个"针对"。第一，针对不同授课对象的专业背景调整教学内容，力争将授课内容与学生专业特色相结合，课前做足功课课上联系学生实际说理教学，做到因专业而异，言之有物。第二，针对不同学生的思想状态，通过直击心灵的教学阐释给学生深刻的心灵体验。可通过课外时间与学生的沟通拉近与学生的距离，课上充分利用"雨课堂"、学习通等现代化技术平台创设智慧

课堂教学，通过弹幕互动、线上讨论、线上投票等渠道及时了解学生的价值取向、困惑疑难和不同诉求，从而更好地把握学生的思想状态，做到因人而异。尤其弹幕语言以其简洁感、诙谐幽默、情感饱满、即时互动等鲜明特色受到大学生的欢迎，它强化了思政课预设问题的课堂效应，使弹幕的密集发送集中于某一问题的讨论，从而改变事不关己，无人应答的局面，使课堂气氛更热烈、意见表达更集中、问题讨论更深入；弹幕语言的匿名性能够真实地呈现出学生的思想倾向和关注重点，为教师打通了了解学生思想的通道，使教师能够对学生的思想状况"把准脉"，对学生的疑难困惑"对准焦"，了解学生深层思想动态，从而使思政课教学更有针对性。

6.5.3 加强师生互动交流增强沟通力

首先，充分利用好课堂中的师生互动机会。受到客观因素的制约，师生之间用大量的时间与学生课下交流很难实现，在不能忽视现实对师生之间沟通影响的情况下，教师就要充分利用好课堂中的师生互动机会，例如教师把更多的主动权交给学生，就社会某个热点问题在课堂上以学生为主展开讨论，各抒己见，充分了解学生对相关问题的看法，进而做出适当的评价、引导和升华，畅通师生话语交流的课堂渠道。其次，合理利用课间加强师生交流。大学里一个明显的现象就是"老师上课才来，一下课立马就走"，很多学生一个学期下来回忆不起来老师的样子。这样的情况是很难增进师生亲和力的。教师可以充分利用课间的时间，主动询问学生的生活与学习，与学生聊一下最近发生的时事新闻，聊一些他们的兴趣爱好和职业规划等，发现他们的兴趣，了解他们的特长，积极关注学生的变化。由于这种交流轻松而随意，师生之间更容易敞开心扉。再次，积极参与学生的课外活动。教师应该在力所能及的情况下以积极的心态参与学生的活动，如担任学生创新创业活动的指导教师，尽量多参与学生的活动，为学生开设讲座等，以此来增进与学生的情感，增强话语亲和力。最后，扩大与学生交流的平台与途径。信息飞速的今天距离已然不是制约交流的障碍，而有效的平台和手段才是我们应该关注的。因此教师要积极扩大与学生交流的平台和途径，适时利用网络通讯手段加强与学生课下的联系，努力培养师生之间深厚友谊。信息化的时代为我们的交流和沟通提供了新兴又便捷的手段，面对生活网络化的学生，高校教师可利用微信、微博、QQ、电子邮件等社交软件，结合新媒体、新技术加强与学生的沟通，积极创造与学生的交流互动机会，了解学生的生活、学习和心理状态，以此增强教师话语亲和力。

6.5.4　创设非语言情境增强话语亲和力

改进高校教师话语亲和力，不仅要注意语言表达方式，使教学话语通俗化、多样化、立体化，切实提高教学的针对性和感染力，还要注意运用非语言亲和力缩小师生之间的距离。实证研究表明教师非语言亲和力对学生情感学习和认知学习会产生很大影响：教师面带微笑，与学生保持目光交流，使用肢体语言，多在学生中间走动，多与学生进行沟通交流等行为使教师具有更大的亲和力，更容易得到学生的认可，提高教学效果。要站在知识视野、国际视野、历史视野等更广泛的视野层面上，通过生动、深入、具体的纵横比较，把一些道理讲明白、讲清楚。要进入学生的角色、站在学生的角度进行话语表达，如采用鼓励式表达代替批评式表达、用启迪型表达代替说教型表达、生活化表达代替学术化表达等。

6.6　创新课程运作机制

6.6.1　课堂模式融合化

一堂成功的课程需要达到对学生进行有效的知识、能力、价值培养的目标，传统观念中封闭教室的90分钟授课远远不够，需要对"课堂"进行重新定位。慕课、翻转课堂、智慧课堂等为"课堂"开辟了新的时空领域。为了提高教师话语的慑服力、感染力和针对性，我们必须转变教育理念，升级技术手段，实现"课堂翻转"。"开放"课堂中，鼓励学生开展网络预习，锻炼学生的研究性学习能力，培养学生的批判性思维与创新性思维；封闭课堂上，聚焦重点问题展开深入探讨，针对难点问题进行充分阐释，实现课内课外相结合、虚拟课堂与网络课堂、理论课堂与实践课堂相融合，进而推动信息技术与课堂教学的深度融合。

6.6.2　考核方式科学化

通过调查发现，高校一些课程考核内容单一、方式单调是影响亲和力的重要因素，机考、开卷考试、论文等结果性考察评价机制还不能完全调动学生的学习积极性；较低的通过门槛也容易导致学生产生敷衍塞责的忽视心理，因此，必须探索建立科学、全面、准确评价学生学习效果的评价体系。一要尊重学生主体性，把考试和学习效果有效对接，考核内容围绕要达到的知识、能力和觉悟目标进行设置，注重对学生自主性学习和研究性学习能力的考察，实现考试和深度学习的贯通。二要注重过程性考核，在学习过程中分阶段多项次进行考核，通过平时表现、小测试、读后感、合作组汇报等形式完成对学生的动态考核，使考核成为促进学生学习的不竭动力。三要建立科学合理的考核体系。以学生课堂表现为主的课堂考核主要评估学生学习情感态度；以学生参与小组活动和社会实践为主的行为考核主要评估学生思想状态和价值践行状况；以知识考核为主的试卷考核主要考察学生的理论知识掌握程度和理论理解运用能力。不同层次的考核相互配合、融会贯通，全面综合考察学生的学习效果。

6.6.3　亲和力考评机制完善化

我国现有的考评制度中，过度重视教师的教龄、学术研究成果等而忽视了教师亲和力的考评；学生网上评教，评价的内容也主要侧重于教学过程中教学方法、语言、内容等，对教学话语亲和力的考评有所忽视。而学生对教师的教育教学活动以及亲和力表现程度有着最大的发言权和判断力，因而建立学生对教师亲和力的评价制度有助于提升教师话语亲和力。可以采取以下几种途径加强对教师亲和力的考评。一是，通过座谈会的形式邀请学生对任课教师进行客观评价，倾听学生的心声；二是，高校可以在校园网设立学生对教师教学活动及人格魅力等评价的邮箱和网页；三是在评教体系中增强对教师亲和力部分的题目设置，以此完成相关考核；四是采用匿名问卷调查的方式，考查学生对教师的主客观评价。

此外，要进一步完善高校教师亲和力考评方式。首先，确立高校教师考评的依据。教师的教育价值观、课堂教学效果、学生的反馈、预期的教学目标是主要依据，其中包括教师的学术能力、科研成果、师德师风、教学技能。在以上几个指标中突出对师德水平和教学技能的评价，这样可以避免高校重科研轻教学的倾向。其次，建立一套明确有效的育人绩效考评机制。将育人绩效考评机制进一步细化，具体分解出多个可以测量的指标。最后，制定配套的奖惩机制，给予教师物质和精神方面的激励，逐渐将育人绩效内化为教师的分内任务和必然要求，以此提高教师教书育人的热情和动力。对教师教学工作的考评分为教学数量的考评和教学质量的考评，对教学质量的考评采用定量和定性相结合的方法，尽可能将与教学质量有关的方面列出作为评价的指标。

第七章　结论与展望

7.1　主要研究结论

本书总体上按照发现问题、分析问题和解决问题的思路展开。从分析高校教师话语亲和力的构成要素着手，运用文献分析法、实证主义研究法、解释现象学分析研究法、个案分析法等研究方法对如何提升高校教师话语亲和力进行系统研究。核心内容共有六部分，分别是绪论、高校教师话语亲和力的基本概念和相关理论、高校教师话语亲和力的测评指标体系及影响因素、高校教师话语亲和力影响因素分析、高校教师话语亲和力调查结果分析、高校教师话语亲和力提升方略等，达到改善高校师生关系，提升高校教师教学效果，提高人才培养质量的目标。

主要结论有以下六方面：

第一，得出高校教师话语亲和力的构成要素结构模型和测评指标体系。通过文献综述，理论分析，认为"高校教师话语亲和力"，就是高校教师通过教育教学过程传递的话语力量（包括语言性话语和非语言性话语），让教育对象产生亲切感、亲近感和认同感，使教育对象乐于亲近、高度认可和诚心悦纳的慑服力、感染力和沟通力，是拉近教育者和教育对象距离的"黏合剂"。

第二，依据高校教师话语亲和力的结构模型，对部分师生进行开放式访谈，参考国内外关于教师亲和力的测量量表，编制"高校教师话语亲和力测量问卷"并验证其信度效度。采用内容分析法对访谈内容进行归类分析，通过比较归纳找出重复出现频次较高的描述，收集到教师、学生关于高校教师话语亲和力的看法。参照国外学者格尔海姆（Gorham）编制的"言语亲切性量表"和"非言语亲切性量表"，麦克劳斯基（McCroskey）等人编制的"教师非言语亲切性行为印象量表"以及国内学者关于教育话语亲和力内在结构分析的理论，运用描述性和指标性相结合的方法，编制出包括三个维度、九个题项的《高校教师话语亲和力概念结构及测度表》，在此基础上编制问卷。

第三，选取部分样本开展"高校教师话语亲和力"预调研，得到话语亲和力关键因素。在高校教师话语亲和力结构分析基础上，结合三大类，九个维度的具体内容编制题项，通过问卷调查检验预测题项是否为教师话语亲和力的相关因素。拟编制的体现教师话语慑服力、感染力和沟通力的题项："教师授课内容是否科学、明确、生动，教师对讲授内容的熟悉程度，是否关注学生思想热点问题，是否说理透彻，教师本身的学术素养和人格魅力，教学的语调，运用案例、讨论等教学方法，采用口语还是书面语教学，是否精心制作具有个人特色的教学课件，是否幽默，面带微笑，脱稿教学，辅以手势，在学生中走动以及是否与学生有目光交流，是否注重与学生互动沟通"等。

第四，选取部分样本做预调研，根据调研结果删减问卷题目，从而确定最终版调查问卷。在全国几大代表性区域（华东、华南、华中、华北、西北、西南和东北）各层次高校开展"高校教师话语亲和力"问卷调查并对调查结果进行分析。通过SPSS26.0软件对调查结果进行相关性分析、回归分析、差异性分析等，得出高校教师话语亲和力的显著影响因素以及在年级、专业、政治面貌等要素方面的差异，为进一步展开对策分析奠定基础。

第五，分析了高校教师话语亲和力的不足之处和原因。话语的"多元性"挑战着高校教师话语的权威，话语"失范性"使高校教师话语遭遇价值认同危机，复杂的语境凸显出高校教师话语的转换匮乏，师生沟通的不足也导致高校教师话语亲和力受到影响。部分教师对亲和力重视不够，认识不足；部分教师知识能力储备不足；师生互动沟通不足；高校忽视对师生亲和力的考核等都是造成高校教师话语亲和力欠缺的主要原因。

第六，提出提升高校教师话语亲和力的策略。首先，要坚持尊重学生话语主体性的原则，话语表达注重话语亲和力的原则和话语表达方式兼容并包的原则；接着提出提高教师核心素养，优化课堂话语内容，改进话语表达方式，锻造话语表达情境，创新课程运作机制等五方面对策。

7.2 理论贡献与实践意义

本研究具有重要的理论意义和实践意义，具体如下：

第一，有助于提升高校教学效果。

高校的教育教学关注至关重要，关系到"培养什么样的人、如何培养人以及为谁培养人这个根本问题。"新时代，高校教育的需求侧正在悄然发生变化。高校教学应紧密结合社会发展的新要求，主动进行供给侧改革，在遵循教育发展逻辑和课程教学本身内在规律的基础上，进一步加强教学改革，提高教师的话语亲和力，用更贴近大学生，更容易被大学生接受的话语表达方式提供给大学生他们所真正需要的高质量产品，进一步优化课程话语体系，提升大学生对课程话语体系的认同度，从而实现教学价值供给与大学生精神需求的协调平衡与良性互动。

第二，有助于提高高校人才培养质量。

高校人才培养质量是衡量高等教育发展水平和国家核心竞争力的重要指标。高校师生关系是高校最基本的人际关系，一切教育活动总是以一定的师生关系为基本前提。高校师生关系如何直接关系到教学效果，直接影响到人才培养质量。促进高校师生关系的良性发展。通过理论研究和实证调查分析高校教师话语亲和力对学生学习能力、思想观念的影响，创制高校教师话语体系亲和力测评指标，并对高校教师话语亲和力现状进行实证调查，分析调查结果并提出提升亲和力的可行性路径，进而提高人才培养质量。

第三，有助于丰富话语体系理论。

随着时代的发展，高校话语体系的内容发生了很大的变化，传统话语表达显示出它的弊端和问题：缺乏时代性和新鲜性的话语内容和方式，使话语解释力匮乏，导致说服力减弱；传统话语陷入因网络空间变化引发的信息不对称的困境中，使有效沟通受阻；传统课堂严肃的语境、正统的说教、古板的语句面对多元环境显示出一定不适应性，降低了主体话语权威。因而，不断从中国传统文化中传承生动形象的经典话语，从中国特色社会主义现代化建设实践中引用时代话语，从网络空间和新媒体介质中提炼新鲜话语，从其他学科和领域借鉴优秀话语，以达到提高高校教师话语亲和力的目的。

本书在理论研究方面有以下三方面创新。

第一，弥补了高校教师话语亲和力实证研究方面的不足。学术界对高校教师话语亲和力的研究目前多集中于定性研究方面，理论研究比较充分，实证研究还比较欠缺。本文在借鉴国内外相关研究成果基础上，编制"高校教师话语亲和力测量问卷"并对教师话语亲和力现状进行调研，从而为进一步分析和提出对策提供可靠依据。

第二，提出高校教师话语亲和力概念结构及测评体系，大致包括话语慑服力、感染力和沟通力三个维度，话语表达思想性、逻辑性、权威性，语言表达方式、非语言表达方式、教师个人素质，沟通方式、情境和习惯等九个类项。

第三，进一步促进师生关系理论研究。通过分析现有的研究资料发现，国内关于高校师生关系研究的理论与实践成果几乎都来源于教育教学理论研究者，而真正的一线教师关注高校师生关系研究的却非常少，本研究是以此有益尝试和推进。

7.3 研究的局限性与研究展望

本研究还有很多不足之处，如高校教师话语亲和力的不足之处论述得还不够全面，原因分析挖掘得也不够深刻；对策的提出还缺乏针对性和可操作性，需要进一步升入研究。

下一步将在以下方面继续努力：

1. 将进一步完善高校教师话语亲和力指标体系，将高校教师话语亲和力测量指标体系运用于更大范围的实践测量。

2. 研究成果可以为各级决策机构提供咨询建议。测评指标体系及调研报告等呈送至省教育主管部门和教育部，从而对高校教师亲和力进行测量并形成客观性评价，为有关部门了解高校教师话语亲和力现状和制定政策提供理论依据和实践参考。

3. 编制提高亲和力指导手册并推广。将提升高校教师亲和力指导手册在高校推广，确实提升教师话语亲和力，从而提升教学实效性，增强学生的获得感。

4. 将研究形成的优秀案例推广给兄弟院校，促进高校教师进行话语创新。

就提升高校教师话语亲和力的对策进行分析研究，形成指导性意见建议，根据提升高校教师话语亲和力的对策编制教师指导手册并推广，直接指导课堂教学。

参考文献

著作类：

［1］ 中共中央马克思恩格斯列宁斯大林著作编译局．马克思恩格斯选集（第 1 卷）［M］．北京：人民出版社，2012.

［2］ 中共中央马克思恩格斯列宁斯大林著作编译局．马克思恩格斯选集（第 2 卷）［M］．北京：人民出版社，2012.

［3］ 毛泽东选集　第 1 卷［M］．北京：人民出版社，1991.

［4］ 杨秀国，张筱筠．新闻报道亲和力［M］．北京：人民出版社，2014.

［5］（美）哈贝马斯．交往与社会进化［M］．重庆：重庆出版社，1993.

［6］ L. R. 帕默尔著，李荣等译．语言学概论［M］．北京：商务印书馆，2013.

［7］ 郭庆光．传播学教程（第二版）［M］．北京：中国人民大学出版社，2011.

［8］ 雅斯贝尔斯著，邱立波译．大学之理念［M］．上海：上海人民出版社，2007.

［9］ 操慧，操成．新闻报道的亲和力研究［M］．北京：中国传媒大学出版社，2015.

［10］ 雅斯贝尔斯著，邹进译．什么是教育［M］．北京：生活·教育·新知三联书店，1991.

［11］（英）诺曼·费尔克拉夫著，殷晓蓉译．话语与社会变迁［M］．华夏出版社，2003.

［12］ 波林·罗斯诺．后现代主义与社会科学［M］．上海：上海译文出版社，1998.

［13］（美）詹姆斯·保罗·吉著，杨炳钧译．话语分析导论：理论与方法［M］．重庆：重庆大学出版社，2011.

［14］夸美纽斯 . 大教学论［M］. 北京：教学科学出版社，1999.

［15］（英）诺曼·费尔克拉夫 . 话语与社会变迁［M］. 北京：华夏出版社，2003.

［16］（瑞士）索绪尔著，高名凯译 . 普通语言学教程［M］. 北京：商务印书馆，2008.

［17］巴赫金 . 生活话语与艺术话语巴赫金全集　第二卷［M］. 石家庄：河北教育出版社，1998.

［18］巴赫金 . 言体裁问题巴赫金全集　第四卷［M］. 石家庄：河北教育出版社，1998.

［19］（法）福柯著，陈怡含编译 . 福柯说权力与话语［M］. 武汉：华中科技大学出版社，2017.

［20］元林 . 思想政治教育体系中的网络传播研究［M］. 北京：光明日报出版社，2011.

［21］胡春阳 . 话语分析：传播研究的新路径［M］. 上海：上海人民出版社，2007.

［22］（法）古斯塔夫·勒庞著，冯克利译 . 乌合之众——大众心理研究［M］北京：中央编译出版社，2015.

［23］刘旭 . 从知本到人本：我国大学课程研究范式变革［M］. 北京：人民出版社，2011.

［24］张楚廷 . 课程与教学哲学［M］. 北京：人民教育出版社，2003.

［25］石中英 . 教育哲学［M］. 北京：北京师范大学出版社，2007.

［26］陈晓端，郝文武 . 西方教育哲学流派课程与教学思想［M］. 北京：中国轻工业出版社，2008.

［27］张华 . 课程与教学论［M］. 上海：上海教育出版社，2000.

［28］张传燧 . 课程与教学论［M］. 北京：人民教育出版社，2008.

［29］李三福 . 教学语用学原理［M］. 长沙：湖南教育出版社，2006.

［30］李美霞 . 话语类型理论的延展与实践［M］. 北京：光明日报出版社，2010.

［31］（德）哈贝马斯 . 交往与社会进化［M］. 重庆：重庆出版社，1993.

［32］袁英 . 话语理论的知识谱系及其在中国的流变与重构［M］. 湖北：华中师范大学出版社，2013.

［33］陈嘉映 . 语言哲学［M］. 北京：北京大学出版社，2003.

［34］（英）吉登斯著，赵旭东等译 . 社会学［M］. 北京：北京人学出版社，2003.

［35］孟昭兰．情绪心理学［M］．北京：北京大学出版社，2005.

［36］L. R. 帕默尔著，李荣等译．语言学概论［M］．北京：商务印书馆，2013.

［36］［美］诺姆·乔姆斯基著，曹道根，胡朋志译．语言的科学［M］．北京：商务印书馆，2015.

［37］［美］诺姆·乔姆斯基著，熊仲儒，张孝荣译．语言与心智［M］．北京：中国人民大学出版社，2015.

［38］［英］约翰·洛克著，孙平华等译．论语言的滥用［M］．北京：中国对外翻译出版有限公司，2014.

［39］陈嘉映．语言哲学［M］．北京：北京大学出版社，2003.

［40］卢梭，洪涛译．论语言的起源：兼论旋律与音乐的摹仿［M］．上海：上海人民出版社，2003.

［41］A. Mehrabian. Silent Messages［M］. Belmont：Wadsworth Publishing Company，1971.

［42］Kerr C. The uses of the university［M］. Cambridge：Harvard University Press，2001.

［43］Gadamer. H–G. Truth and Method［M］. London & New York：Continuum，2004.

［44］Burbules. N. C. Dialogue in Teaching：Theory and Practice［M］. New York and London：Teachers College，Columbia University，1993.

论文类：

［1］邱仁富．思想政治教育话语理论探要［D］上海大学，2009：45.

［2］吴琼．从"文本"到"人本"——高校思想政治和教育范式转换研究［D］复旦大学，2007：133.

［3］闻人行．外语课堂教师亲和力的话语构建［D］2003：134.

［4］胡小桃．从高校教师发展状况看我国教师考评制度存在的问题［J］．黑龙江高教研究，2014（11）.

［5］侯旭．论构建"思想政治教育话语"范畴的意义及途径［J］．思想教育研究，2011（4）：20-22.

［6］吴琼，纪淑云．马克思主义大众化语境中的思想政治教育话语变革［J］．求实，2010（10）：81-84.

［7］鲁杰．思想政治教育话语的功能定位与实现路径研究［J］．理论与改革，2011（2）：121-123.

［8］范晓．语言、言语和话语［J］．汉语学习，1994（04）：2-6.

［9］杨生平．话语理论与中国特色社会主义话语体系建构［J］．中国特色社会主义研究，2015（06）：45-51.

［10］叶德明．思想政治教育话语权浅论［J］．教育评论，2009（6）：71-75.

［11］范晓．关于语言与思维的关系及其相关问题［J］．语言科学，2003（11）：75.

［12］吴宏亮．论高校思想政治理论课话语体系的"三个转换"［J］．思想理论教育导刊，2014（6）：76-68.

［13］吴琼，刘璐璐．思想政治教育话语研究述评［J］．学校党建与思想教育，2013（5）：30-33.

［14］吴艳东．高校思想政治理论课教学话语面临的困境与对策［J］．思想政治理论，2014（11）：69-72.

［15］谭培文，李云峰．新时代思想政治理论课教师话语身份探析［J］．现代教育管理，2020（08）：30-35.

［16］龚萱．大数据背景下思想政治理论课话语权的再提升［J］．高教论坛，2020（06）：4-6.

［17］何理，宋洁琳．高校话语体系发展的对策思考［J］．江汉大学学报（社会科学版），2016（1）：98.

［18］闻人行，庞继贤．知识亲和力的教学话语建构［J］．浙江大学学报（人文社会科学版），2012（11）：186-194.

［19］郑洁，李堂．落实习近平总书记讲话精神　积极推动思想政治理论课改革创新——"新时代高校思想政治理论课改革创新"论坛综述［J］．思想理论教育导刊，2020（01）：154-156.

［20］刘同舫．在应对当代各种社会思潮的挑战中发挥马克思主义的威力［J］．马克思主义研究，2010（3）：107.

［21］高玉．中国现代学术话语的历史过程及其当下建构［J］．浙江大学学报，2011（3）：140.

［22］简臻锐．全媒体时代思想政治理论课话语体系的创新发展［J］．思想理论教育，2019（11）：72-76.

［23］于智慧．新时代高校思想政治理论课话语体系影响要素探究——一种批判话语分析的方法［J］．社会科学，2019（09）：23-30.

［24］杨娜．思想政治理论课的话语空间博弈与话语供给对策研究［J］．河南师范大学学报（哲学社会科学版），2019，46（04）：94-100.

[25] 曹培强. 认知心理学与高校思想政治理论课话语方式创新 [J]. 思想教育研究, 2019（04）：89-92.

[26] 杨金海. 马克思主义中国化研究的文化维度 [J]. 广西社会科学, 2012（2）：3.

[27] 刘晓哲, 高聪聪. 习近平语言艺术对新时代思想政治理论课话语体系转换的启示 [J]. 思想理论教育, 2019（02）：61-66.

[28] 张志元, 周雪雪. 高校思想政治理论课话语体系创新与传播研究 [J]. 思想政治教育研究, 2018, 34（06）：72-75.

[29] 王红云. 新时代高校思想政治理论课话语创新的困境及对策 [J]. 广西社会科学, 2018（11）：216-220.

[30] 蔡卫华, 谭培文. 高校思想政治理论课"课堂革命"的话语导向探讨 [J]. 广西社会科学, 2018（11）：201-206.

[31] 吴林龙. 高校思想政治理论课教师的话语权及其提升策略 [J]. 思想理论教育, 2018（11）：62-67.

[32] 陈德祥. 思想政治理论课教材话语向教学话语转换的策略探析 [J]. 思想理论教育导刊, 2017（11）：104-107.

[33] 张晨. 创新高校思想政治理论课话语体系研究 [J]. 改革与开放, 2017（19）：139-141+150.

[33] 周琳娜, 高冰, 芮小苗. "05方案"思想政治理论课话语体系的演变——基于对"98方案"思想政治理论课话语体系的比较 [J]. 湖北函授大学学报, 2017, 30（18）：76-78.

[34] 郝连儒. 习近平讲话的语言风格对高校思想政治理论课话语体系建设的启示 [J]. 思想教育研究, 2017（09）：85-88.

[35] 孙瑞婷. 整体建构思想政治理论课话语权的四个维度 [J]. 学校党建与思想教育, 2017（18）：13-16.

[36] 曹峰. "正向话语"讲述与"逆向话语"诱辨：思想政治理论课的大学生政治认同 [J]. 当代青年研究, 2017（05）：23-28.

[37] 徐蓉. 面向提升高校思想政治理论课教学质量的话语体系建设 [J]. 思想教育研究, 2017（08）：18-19.

[38] 赖萱萱, 郑长青. 高校思想政治理论课教学话语创新初探 [J]. 教育评论, 2017（06）：99-102.

[39] 马志霞. 切实增强高校思想政治理论课话语力量——基于马克思主义理论学科建设的思考 [J]. 思想理论教育导刊, 2017（06）：86-90.

［40］陶春丽，黄海东. 教材与诗词话语相融合——提升高校思想政治理论课亲和力路径之一［J］. 长春工程学院学报（社会科学版），2017，18（02）：130-133.

［41］卢文忠. 高校思想政治理论课话语体系的结构形式及其优化［J］. 中国高等教育，2017（11）：29-31.

［42］陈颖，徐星. 论马克思主义信仰的主导地位与发展态势［J］. 理论界，2015（10）：12.

外文类：

［1］Anderson, J. F. Norton, R. W., & Nussbaum, J. F. Three investigations exploring relationships between perceived teacher communication behaviors and student learning［J］. Communication Education, 1981, 30（10）：377-392.

［2］Neuliep, J. W. A comparison of teacher immediacy in African -American and Euro - American college classrooms［J］. Communication Education, 1995, 44（3）：267-277.

［3］Gorham, J.. The relationship between verbal teacher immediacy and behaviors and student learning［J］. Communication Education, 1988, 37（1）：40-53.

［4］Sanders, J. A., & Wiseman, R. L.. The effects of verbal and non-verbal immediacy on perceived cognitive, affective, and behavioral learning in the multicultural classroom［J］. Communication Education, 1990, 39（4）：341-353.

［5］Kelley, D. H., & Gorham, J.. Effects of immediacy on recall of information［J］. Communication Education, 1988, 37（3）：198-207.

［6］Neuliep, J. W.. A comparison of teacher immediacy in African -American and Euro - American college classrooms［J］. Communication Education, 1995, 44（3）：267-277.

［7］Rodriguez, J. I., Plax, T. G., & Kearny, P. Clarifying relationship between teacher immediacy and student cognitive learning：Affective learning as the central mediator［J］. Communication Education, 1996, 45（4）：293-305.

［8］V. Richmond, J. Gorman& B. Furio. Affinity-seeking Communication in Collegiate Female - Male Relationships［J］, 1987, Communication Quarterly. Vo135（4）：334-348.

[9] Robert J. Sidelinger, Jamer C. McCroskey. Communication correlates of teacher clarity in college classroom [J], Communication Research Reports, 1997, 14 (1): 1-10.

[10] Lee, S. S. U., Fraser, B. J., Fisher, D. L. Teacher-student interactions in Korean high school science classrooms [J], International Journal of Science and Mathematics Education, 2003, (1): 67-85.

[11] Aultman, L. P., Williams-John-son, M. R., Schutz, P. A. Boundary Dilemmas in Teacher-student Relationships: Struggling with "the Line" [J]. Teaching and Teacher Education, 2009, 25 (5): 636-646.

[12] Teven, J. J., & Hanson, T. L.. The impact of immediacy and perceived caring on teacher competence and trustworthiness [J]. Communication Quarterly, 2004, 52 (1): 39-53.

[13] Amabel A. Ganzo. Motivating Students to Learn: Does Teacher Immediacy Matter? [J]. International Journal of Sciences: Basic and Applied Research (IJSBAR), 2016, 29 (3).

[14] Ali Kemal Tekin, Huseyin Kotaman, Mustafa Aslan. Impact of Verbal Teacher Immediacy on Child Development Students' Course Motivation and Perception of Their Instructor [J]. The International Journal of Early Childhood Learning, 2015, 23 (1).

[15] Kelly, Rice, Wyatt, Ducking, Denton. Teacher Immediacy and Decreased Student Quantitative Reasoning Anxiety: The Mediating Effect of Perception [J]. Communication Education, 2015, 64 (2).

[16] A Comparison of Student and Professor Perceptions of Teacher Immediacy Behaviors in Large Agricultural Classrooms [J]. NACTA Journal, 2014, 58 (2).

[17] Estepp, Christopher M, Shelnutt, Karla P, Roberts, T Grady. A Comparison of Student and Professor Perceptions of Teacher Immediacy Behaviors in Large Agricultural Classrooms [J]. NACTA Journal, 2014, 58 (2).

[18] Lee. Relationships among students' perceptions of native and non-native EFL teachers' immediacy behaviours and credibility and students' willingness to communicate in class [J]. Oxford Review of Education, 2020, 46 (2).

[19] Chen Yue, Yao Weining. Research on the Mixed Teaching Path of Ideological and Political Theory Courses in Universities under the Background of MOOC

［J］. Frontiers in Educational Research，2019，2（10）.

［20］ Effective Teacher Immediacy Behaviors Based on Students´ Perceptions ［J］. Universal Journal of Educational Research，2019，7（2）.

［21］ Mehrdad Sheybani. The relationship between EFL Learners' Willingness to Communicate（WTC）and their teacher immediacy attributes：A structural e-quation modelling ［J］. Cogent Psychology，2019，6（1）.

［22］ McCluskey，Dwyer，Sherrod. Teacher immediacy and learning mathematics：Effects on students with divergent mathematical aptitudes ［J］. Investigations in Mathematics Learning，2017，9（4）.

报刊其他类：

［1］ 中共中央办公厅《关于进一步加强和改进新形势下高校宣传思想工作的意见》（中办发 ［2014］ 59 号）

［2］ 高校思政课抬头率不高 人到了心没到 ［N］. 中国新闻网，2017-3-12.

［3］ 待旭. 高校思政教育也应有"供给侧改革"思维 ［N］. 光明日报，2016-03-16.

附　录

附录一　开放式问卷

<table>
<tr><td colspan="1" align="center">教师访谈提纲</td></tr>
<tr><td>访谈人：</td></tr>
<tr><td>访谈时间：
访谈地点：
受访人：
受访人学校：
受访人专业：
教授课程：
教龄：</td></tr>
<tr><td>访谈问题提纲：
（1）请谈谈您刚才任教班级学生的特点。
（2）您平时在课外跟学生交流多吗？为什么？
（3）您平时关心学生所关心的话题吗？为什么？
（4）您在课堂上与学生交流他们感兴趣的话题吗？
（5）您觉得学生比较喜欢什么样的教学方式，什么样的教学风格？
（6）您有没有给学生留下你的电话号码、邮箱，或者 QQ 号、微信号等方便在网上跟他们一块儿聊天吗？
（7）您跟他们聊天过程中发现有代沟吗？主要在什么方面呢？
（8）您认为您是一位有亲和力的教师吗？为什么？</td></tr>
</table>

学生访谈提纲
访谈人： 访谈时间： 访谈地点： 受访人： 受访人学校： 受访人专业：
访谈问题提纲： （1）你认为你的任课教师中是否有些亲和力比较强，有些比较弱？   （2）你认为教师的亲和力对于教学很重要吗？为什么？   （3）请具体说说你认为特别有亲和力的教师在课堂上是怎么表现的？   （4）请具体说说你认为缺乏亲和力的教师在课堂上的表现是怎么？

附录二　高校教师话语亲和力影响因素调查表

亲爱的同学：

　　您好！为了解目前高校教师话语亲和力的影响因素，特邀您参加本次调研。请认真阅读并选出最符合您想法的选项。您的回答无对错好坏之分，并将严格保密，衷心感谢您的认真作答，祝您学业有成，生活愉快！

您所在高校的名称是？[填空题] *

_____

您的年级：[单选题] *
○大一　　　○大二　　　○大三　　　○大四
您的性别：[单选题] *
○男　　　　○女
您的专业类别是（　　）[单选题] *
○文科　　　○理科　　　○工科　　　○农科　　　○艺术体育类
您的政治面貌是（　　）[单选题]
○中共党员　○团员　　　○民主党派　○群众
您认为教师话语亲和力与下列哪些要素有关？[矩阵量表题] *

	1 不相关	2 一般	3 相关
教学内容是否科学、明确、生动	○	○	○
老师对讲授内容的熟悉程度	○	○	○
是否关注学生思想热点问题	○	○	○
运用案例、讨论等教学方法	○	○	○
老师是否说理透彻	○	○	○
老师的语调是平淡还是抑扬顿挫	○	○	○
老师教学是口语还是书面语	○	○	
老师是否使用网络语言	○	○	○
老师是否引用诗词、典故	○	○	○
精心制作教学课件，有个人特色	○	○	○
老师站在讲台不动或是在学生中走动	○	○	○
老师讲课中是否辅以手势	○	○	○
老师与学生有目光交流	○	○	○
老师本身的学术素养和人格魅力	○	○	○
老师的幽默感	○	○	○
老师面带微笑	○	○	○
老师对学生要求严格	○	○	○
能叫出学生名字	○	○	○

续表

	1 不相关	2 一般	3 相关
是否脱稿教学	○	○	○
是否注重与学生互动沟通	○	○	○

除以上选项外，您认为还有哪些因素影响了教师话语亲和力？［填空题］ ＊

附录三　高校教师话语亲和力测量问卷（初始问卷）

亲爱的同学：

　　您好！为了解高校教师话语亲和力现状，特开展本次问卷调查。亲和力可以理解为让人乐于亲近、高度认可和诚心悦纳的吸引力。本问卷共有 52 个关于高校教师授课状况的陈述句和表示符合程度的五级选项，请认真阅读并选出最符合您想法的选项。您的回答无对错好坏之分，并将严格保密，衷心感谢您的配合，祝您生活愉快！

　　首先，请选出符合您个人信息的选项
　　您的性别：［单选题］
　　○男　　　　　○女
　　您的年级：［单选题］ ＊
　　○大一　　　○大二　　　○大三　　　○大四　　　○研究生
　　您所学专业属于［单选题］ ＊
　　○文科　　　○理科　　　○工科

题号	题目	非常符合	基本符合	一般	不符合	完全不符合
1	教学内容能够体现出社会主义核心价值观	①	②	③	④	⑤
2	反映出教师对马克思主义理论的深刻把握和透彻理解	①	②	③	④	⑤

续表

题号	题目	非常 符合	基本 符合	一般	不符合	完全 不符合
3	体现出对中华民族历史文化的认知和情感	①	②	③	④	⑤
4	基本概念清楚	①	②	③	④	⑤
5	教学目标明确	①	②	③	④	⑤
6	教学内容体系完整，内容丰富	①	②	③	④	⑤
7	理论联系实际	①	②	③	④	⑤
8	关注学生思想热点问题	①	②	③	④	⑤
9	各门思政课之间的衔接、安排合理	①	②	③	④	⑤
10	教学形式多样	①	②	③	④	⑤
11	运用案例教学方法	①	②	③	④	⑤
12	采取讨论的方式	①	②	③	④	⑤
13	开展网络教学	①	②	③	④	⑤
14	利用多媒体教学手段	①	②	③	④	⑤
15	说理透彻	①	②	③	④	⑤
16	语调抑扬顿挫	①	②	③	④	⑤
17	语调平淡	①	②	③	④	⑤
18	语言流畅、有文采	①	②	③	④	⑤
19	语气亲切，有温度有感情	①	②	③	④	⑤
20	教师口语化教学	①	②	③	④	⑤
21	多采用书面语言教学	①	②	③	④	⑤
22	经常使用网络语言	①	②	③	④	⑤
23	经常引用诗词、典故	①	②	③	④	⑤
24	重视听取学生意见	①	②	③	④	⑤
25	精心制作教学课件，有教师个人特色	①	②	③	④	⑤
26	老师一直站在讲台上或课桌后面上课	①	②	③	④	⑤
27	老师愿意在学生中间走动	①	②	③	④	⑤
28	经常辅以手势	①	②	③	④	⑤

题号	题目	非常 符合	基本 符合	一般	不符合	完全 不符合
29	课堂要求明确	①	②	③	④	⑤
30	与学生有目光交流	①	②	③	④	⑤
31	上课时总是盯着教案或 PPT	①	②	③	④	⑤
32	有深厚的马克思主义理论素养	①	②	③	④	⑤
33	有很强的人格魅力	①	②	③	④	⑤
34	授课有激情	①	②	③	④	⑤
35	有幽默感	①	②	③	④	⑤
36	面带微笑	①	②	③	④	⑤
37	能很好地控制自己的情绪	①	②	③	④	⑤
38	乐观向上充满正能量	①	②	③	④	⑤
39	对学生要求严格	①	②	③	④	⑤
40	有很强的课堂教学组织能力	①	②	③	④	⑤
41	能叫出学生名字	①	②	③	④	⑤
42	脱稿教学	①	②	③	④	⑤
43	注重与学生互动沟通	①	②	③	④	⑤
44	课前或课后愿意与同学聊天	①	②	③	④	⑤
45	鼓励学生发言	①	②	③	④	⑤
46	注重调动学生参与课堂教学的积极性	①	②	③	④	⑤
47	及时批改作业做出反馈	①	②	③	④	⑤
48	帮助学生组建学习小组	①	②	③	④	⑤
49	擅于应对突发事件	①	②	③	④	⑤
50	上课睡觉或玩游戏的主要原因是					
51	请你对教师话语亲和力总体状况进行评价					

附录四　高校教师话语亲和力调查问卷（正式）

亲爱的同学：

　　您好！为了解目前高校教师话语亲和力状况改进教学效果，特开展本次问卷调查。本问卷列举了一些关于高校教师授课相关的题项，请认真阅读并选出最符合您想法的选项。您的回答无对错好坏之分，并将严格保密，衷心感谢您的认真作答，祝您学业有成，生活愉快！

第一部分：基本情况

您所在高校的名称是？［填空题］ *

_____

您的年级：［单选题］ *
○大一　　　　○大二　　　　○大三　　　　○大四
您的性别：［单选题］ *
○男　　　　　○女
您的专业类别是（　　　）［单选题］ *
○文科　　　○理科　　　○工科　　　○农科　　　○艺术体育类
您的政治面貌是（　　　）［单选题］ *
○中共党员　　○团员　　　　○民主党派　○群众

第二部分：高校教师话语亲和力现状调查

　　指导语：以下题项，每题都有 5 个选项：完全不符合、比较不符合、一般、比较符合、完全符合（从 1 到 5，符合的程度逐级提高），请根据与您想法相符的程度进行打分。

　　1. 教师的教学内容能够体现出社会主义核心价值观［单选题］ *
○完全不符合　　○比较不符合　　○一般　　○比较符合　　○完全符合
　　2. 教学中反映出教师对马克思主义理论的深刻把握和透彻理解［单选题］ *
○完全不符合　　○比较不符合　　○一般　　○比较符合　　○完全符合

3. 体现出教师对中华民族历史文化的认知和情感 ［单选题］ ＊

○完全不符合　　○比较不符合　　○一般　　○比较符合　　○非常符合

4. 基本概念清楚 ［单选题］ ＊

○完全不符合　　○比较不符合　　○一般　　○比较符合　　○完全符合

5. 教学目标明确 ［单选题］ ＊

○完全不符合　　○比较不符合　　○一般　　○比较符合　　○完全符合

6. 教学内容体系完整，内容丰富 ［单选题］ ＊

○完全不符合　　○比较不符合　　○一般　　○比较符合　　○完全符合

7. 理论联系实际 ［单选题］ ＊

○完全不符合　　○比较不符合　　○一般　　○比较符合　　○完全符合

8. 关注学生思想热点问题 ［单选题］ ＊

○完全不符合　　○比较不符合　　○一般　　○比较符合　　○完全符合

9. 教学形式多样 ［单选题］ ＊

○完全不符合　　○比较不符合　　○一般　　○比较符合　　○完全符合

10. 运用案例教学方法 ［单选题］ ＊

○完全不符合　　○比较不符合　　○一般　　○比较符合　　○完全符合

11. 采取讨论的方式 ［单选题］ ＊

○完全不符合　　○比较不符合　　○一般　　○比较符合　　○完全符合

12. 开展网络教学 ［单选题］ ＊

○完全不符合　　○比较不符合　　○一般　　○比较符合　　○完全符合

13. 利用多媒体教学手段 ［单选题］ ＊

○完全不符合　　○比较不符合　　○一般　　○比较符合　　○完全符合

14. 说理透彻 ［单选题］ ＊

○完全不符合　　○比较不符合　　○一般　　○比较符合　　○完全符合

15. 语调抑扬顿挫 ［单选题］ ＊

○完全不符合　　○比较不符合　　○一般　　○比较符合　　○完全符合

16. 语调平淡 ［单选题］ ＊

○完全不符合　　○比较不符合　　○一般　　○比较符合　　○完全符合

17. 语气亲切，有温度有感情 ［单选题］ ＊

○完全不符合　　○比较不符合　　○一般　　○比较符合　　○完全符合

18. 教师口语化教学 ［单选题］ ＊

○完全不符合　　○比较不符合　　○一般　　○比较符合　　○完全符合

19. 采用书面语言教学 ［单选题］ *
○完全不符合　　○比较不符合　　○一般　　○比较符合　　○完全符合

20. 经常使用网络语言 ［单选题］ *
○完全不符合　　○比较不符合　　○一般　　○比较符合　　○完全符合

21. 经常引用诗词、典故 ［单选题］ *
○完全不符合　　○比较不符合　　○一般　　○比较符合　　○完全符合

22. 重视听取学生意见 ［单选题］ *
○完全不符合　　○比较不符合　　○一般　　○比较符合　　○完全符合

23. 精心制作教学课件，有教师个人特色 ［单选题］ *
○完全不符合　　○比较不符合　　○一般　　○比较符合　　○完全符合

24. 老师一直站在讲台上或课桌后面上课 ［单选题］ *
○完全不符合　　○比较不符合　　○一般　　○比较符合　　○完全符合

25. 老师愿意在学生中间走动 ［单选题］ *
○完全不符合　　○比较不符合　　○一般　　○比较符合　　○完全符合

26. 老师讲课经常辅以手势 ［单选题］ *
○完全不符合　　○比较不符合　　○一般　　○比较符合　　○完全符合

27. 与学生有目光交流 ［单选题］ *
○完全不符合　　○比较不符合　　○一般　　○比较符合　　○完全符合

28. 上课时总是盯着教案或 PPT ［单选题］ *
○完全不符合　　○比较不符合　　○一般　　○比较符合　　○完全符合

29. 老师有深厚的马克思主义理论素养 ［单选题］ *
○完全不符合　　○比较不符合　　○一般　　○比较符合　　○完全符合

30. 老师有很强的人格魅力 ［单选题］ *
○完全不符合　　○比较不符合　　○一般　　○比较符合　　○完全符合

31. 老师授课有激情 ［单选题］ *
○完全不符合　　○比较不符合　　○一般　　○比较符合　　○完全符合

32. 老师有幽默感 ［单选题］ *
○完全不符合　　○比较不符合　　○一般　　○比较符合　　○完全符合

33. 老师面带微笑 ［单选题］ *
○完全不符合　　○比较不符合　　○一般　　○比较符合　　○完全符合

34. 老师能很好地控制自己的情绪 ［单选题］ *
○完全不符合　　○比较不符合　　○一般　　○比较符合　　○完全符合

35. 老师乐观向上充满正能量［单选题］ *
○完全不符合　　○比较不符合　　○一般　　○比较符合　　○完全符合

36. 老师对学生要求严格［单选题］ *
○完全不符合　　○比较不符合　　○一般　　○比较符合　　○完全符合

37. 老师有很强的课堂教学组织能力［单选题］ *
○完全不符合　　○比较不符合　　○一般　　○比较符合　　○完全符合

38. 老师能叫出学生名字［单选题］ *
○完全不符合　　○比较不符合　　○一般　　○比较符合　　○完全符合

39. 老师脱稿教学［单选题］ *
○完全不符合　　○比较不符合　　○一般　　○比较符合　　○完全符合

40. 老师注重与学生互动沟通［单选题］ *
○完全不符合　　○比较不符合　　○一般　　○比较符合　　○完全符合

41. 老师课前或课后愿意与同学聊天［单选题］ *
○完全不符合　　○比较不符合　　○一般　　○比较符合　　○完全符合

42. 老师鼓励学生发言［单选题］ *
○完全不符合　　○比较不符合　　○一般　　○比较符合　　○完全符合

43. 老师注重调动学生参与课堂教学的积极性［单选题］ *
○完全不符合　　○比较不符合　　○一般　　○比较符合　　○完全符合

44. 老师及时批改作业做出反馈［单选题］ *
○完全不符合　　○比较不符合　　○一般　　○比较符合　　○完全符合

45. 老师帮助学生组建学习小组［单选题］ *
○完全不符合　　○比较不符合　　○一般　　○比较符合　　○完全符合

46. 老师擅于应对突发事件［单选题］ *
○完全不符合　　○比较不符合　　○一般　　○比较符合　　○完全符合

请您对接触到的教师亲和力整体印象进行评价［矩阵文本题］［输入 0 到 100 的数字］ *

分值为　　　　　　　＿＿＿＿＿＿＿＿＿＿＿＿